「恥をかくのが怖い」から解放される本

Say Hello to Your Shame– and goodbye to your fear that something is wrong with you

自己肯定感を高めて、
自分らしく生きるレッスン

イルセ・サン
Ilse Sand

枇谷玲子・訳
Reiko Hidani

誠文堂新光社

「恥をかくのが怖い」から解放される本

自己肯定感を高めて、自分らしく生きるレッスン

はじめに

人生における苦難の原因として真っ先に思いつくのは、恐らく「恥」ではないでしょう。恥は隠され、あまり話題にされません。恥は行き過ぎた自己抑圧や、自己感覚（注：自分が自分であり、存在していると感じる主観的な感覚）の低さ、対人トラブルといった他の問題にしばしば埋もれてしまいます。恥はまた、中毒や怒りといった問題を密かに引き起こす場合もあります。

この本を執筆している間、私はこんな質問をしてきました。

「あなたには恥ずかしいと思っていることはありますか？　それが何か言う必要はありませんよ」

大半の人はうなずいて、目を背けるか、うなずいた後でこう最後に付け足して言うのです。

「何を恥じているのかは言いませんけど」

初めは質問の意味をあまり理解できなかった人もいました。そこで私は、ちょっぴり助け船を出しました。

「他人に見せたくない体のパーツはありますか？　隠したい特徴や、話したくない体験は？　他の人には気付かれたくない弱点はありますか？」

するとと答えを言い淀んでいた人たちの大半が答えてくれました。でも中には、怒ってこう返す人もいました。

「私は何も恥じてなどいません！」、または「私には恥じるべきことなどまったくありません！」と。

そう答えた人たちは、実はこう言いたかったのかもしれません。

「私に恥をかかせないで」

人は時に、知らず知らずのうちに恥を感じるものです。何かを恥ずかしく感じるのは普通のことだと頭ではわかっているのに、たとえば靴を見つめたり、目が泳いだりといった、反射的な恥の反応を示してしまうのです。

私は牧師として、また心理療法士として、恥を打ち明ける人たちの話を聞き、その痛みや孤独の激しさと悲痛さに驚かされてきました。ですが、恥を共有した瞬間、驚くような変化が起きました。深く呼吸ができるようになり、引きつっていた表情が柔らかくなり、体に入っていた力が抜けたのです。

感情を共有すると安心し、心が大いに解き放たれます。「何かがおかしい」という感覚を口にする勇気が出るまでに、なぜこんなに時間がかかるのか、不思議に思えるほどです。

三十代の前半に牧師として働きはじめた私は、心理療法に関心を持つ牧師の集まりに顔を出すようになりました。私も含め、来ていた人たちは自分自身や互いをより深く理解したいと思っていました。

ある日の集まりで、いくつか年上の女性牧師からこう言われました。

「あなたは随分、か弱そうね」

以前にも同じことを言われたことがあった私は、たまらない気持ちになりました。攻撃されたと感じ、攻撃し返そうとしました。

「あなたが私をか弱そうと思うのは、あなた自身もそうだからではありませんか」

それ以来、私はその女性牧師を避けるようになりました。同時に、どうにかして自分を強く見せようとするようになりました。

私が育った町では、か弱いというのは褒め言葉ではありませんでした。価値のある人間と見られたければ、何かに秀でるか、他人の役に立たなくてはならないと考えられていました。

私はその牧師に言われたことについて、あまり深く考えていませんでした。

当時の私は、他人からか弱そうと言われた際の不快感の正体に気が付いていなかったのです。それは恐怖でした。

ですが圧倒的に気詰まりで、腹立たしく思う自分の気持ちには気付いていました。まるで顔の筋肉をコントロールできなくなったかのようでした。自信を持って笑いたいのに、視界がぼやけ、顔が引きつり、声がか細くなりました。

自分の心の奥深くを探りたい、と体が叫んでいたのです。急に足場を失い、宙に投げ出されているような感覚になりました。

自分がいかに打たれ弱いのかを知り、認める勇気を持つまでに何年もかかりました。そのことを知り、ようやく認めることができるようになると、自分が深く恥じてきたか弱さこそが、他の人からは評価され、中でも特に男性から好かれやすい要素であることに気が付いたのです。

恥の感情の一部である恐怖を、皆が私ほど強く感じるとは限りません。恥によって生じる不安の度合いは人によってまちまちです。それについては本書の後半で詳しく書きます。

この本では、「恥」がどのように生まれるのか、「恥」を必要以上に感じてしまう人がいるのはなぜか、自分の問題の背景に「恥」があるのかを知るにはどうしたらよいのか、そして「恥」に働きかけ、より自由な心を手に入れるにはどうすればいいのかを、わかりやすい言葉で説明しています。

本書は心理学や自己啓発に興味のある人や、自分は間違っているとすぐに感じてしまう人に特に役立つことでしょう。

自分の心の奥深くを探ってみると、恥は自己認識への不安から生まれているとわかるでしょう。

中には、自分の特定の一面だけを恥ずかしく思う人もいます。恥の感情にひどく脅かされる人も。あなたが前者であろうと後者であろうと、本書で紹介されているメソッドを使うことで、恥の重荷から解放されることでしょう。


恥にはポジティブな側面もあります。たとえば私たちは他人の前で欲を抑えようとしますが、それはそうしないと自分が恥をかくからです。この本では、恥がもたらすネガティブな結果と、そこからどうしたら自由になれるのかを段階的に解き明かしていきます。

恥が特に厄介なのは、私たちが恥そのものを恥じているために、周囲に助けを求めないケースが多い点です。傷つき、心を閉ざし、愛に一歩を踏み出さない。そして孤独の中に身を隠してしまう。私はそのような人をたくさん目にしてきました。

恥は人生を破壊します。恥はあなたを盾の陰に隠し、あなた自身と他の人たちの両方から互いの姿を見えなくさせます。盾が光を遮ることで、視界さえも遮られます。盾は曇りガラスのように、あなたと周りの人たちの間に立ちはだかり、コミュニケーションを阻害します。

幸い、そこから抜け出す道はあります。自分が恥ずかしいと思っていると勇気を出して認めた人の話を読むだけで、インスピレーションを得、その勇気があなたにも伝染し、勇気が湧いてくるでしょう。そのため私はこの本に、恥や抑圧から抜け出す術を編み出してきた人たちの例をたくさん載せることにしました。

この本の中でさらにあなたは、恥の盾にヒビを入れ、光を再び差させ、あなたの認識力を覆い隠していた恥という霧を晴らすための様々なメソッドを見付けることができるでしょう。視界がはっきりとしてくれば、あなたは恥に従う必要はないと気付くでしょう。あなたがたとえ間違っていると感じたとしても、間違っているのはあなたではありません。間違っていると感じるのは、何か間違ったことが起きているからで、あなたが間違っているわけではないのです。

各章の終わりには、恥について理解を深め、場合によっては、恥から自由になる助けとなるようなエクササイズを提案しています。それらのエクササイズの中には、気持ちがたかぶってしまうものもあるでしょう。エクササイズをはじめる前や途中、またはエクササイズが終わる直前に、話し相手が必要となった時、電話ができるように、事前に友達に電話をするかもと断っておくとよいと思います。

さらに巻末には、あなたがどれぐらい恥の感情という重荷を背負っているのか測ることができるテストが用意されています。テストは最初に受けてもよいですし、読み終えるまで待ってもよいです。また受けたくなければ、受けなくても構いません。この本を読むうちに、自分がどれぐらい恥を感じやすいかわかってくることでしょう。テストで高得点をとってしまった人向けに、恥を感じやすいことをどうポジティブに受け止めたらよいのか、有益なアドバイスもテストの後にいくつか用意しています。

恥はこう叫ぶでしょう。

「お前は間違っている。荷物をまとめろ。その顔を見せるな。身を隠せ」

しかし、恐れることはありません。この本が、あなたが恥と向き合い、翼を広げ、自らを受け入れ、自分らしくいる勇気を得る助けとなるよう願っています。

二〇二〇年八月、作家向けの執筆施設、ハルド・ホーエドゴーにて　イルセ・サン

目次

第二章　慢性的な恥は誤解や諍《いさか》いから生まれる　45

第五章　恥からの自己防衛としての偽りの自分　85

第六章 あなた自身のことをもっとよく知ろう 111

第九章　あなた自身と友好的に接しましょう　163

第一部

第一章

恥の性質と機能

恥というのは、「愛されていない」「間違っている」という感情です。デンマークのオーフス大学コミュニケーションと文化学部のカーステン・ステーエ博士が自著『恥』(Skam)の中で考察したように、語源となっている「隠す」という言葉通り、恥は何かを、もしくは誰かを見えなくしてしまいます。博士の説明は、あなたが感じているのが恥かどうかを判断する有力な手がかりになります。つまり、他人の視線から身を隠したいと思うのなら、あなたは恥を感じていると言えるのです。

誰しもが多少なりとも恥を感じたことがあるはずです。最悪の場合、恥の感情により、自分自身への共感力が奪われ、ほんのわずかな優しさしか示せなくなってしまいます。

以下に、恥の様々な段階の指標を示します。

大

恥の度合い

- 自己憎悪
- 自己嫌悪
- 自分は人類の一員と名乗るのにふさわしくないと感じたことがある
- あらゆる分野で間違っていると骨身に滲みるように感じたことがある
- 様々な点で間違っていると感じたことがある
- いくつかの分野で間違っていると感じたことがある
- 一つのことについて恥を感じる
- とても恥ずかしいと感じている
- 自分に対しひどく戸惑いを感じる
- 自分に対し戸惑いを感じる
- 自分のことを少し恥ずかしいと感じる
- 自分に対しほんの少し戸惑いを感じる

小

恥に潜む恐怖

恥のうち最も軽微なものに、何かを恥ずかしいとか気詰まりだとぼんやり感じる感情がありますそしてあなたが気付く前に、その感情は消えてしまうかもしれません。もしくは、他人の視線を一瞬避けてしまう程度の恥も、最も軽微な恥に分類されます。

恥の度合いが大きければ大きいほど、あなたの頬は氷のように冷たく、もしくは逆に熱くなっていきます。身を隠したいという衝動も強くなるでしょう。あなたが頭をうなだれ、肩を落とし、椅子の上で体を小さく縮こまらせていることに、あなた自身は気付かないかもしれません。

恥の感情は様々な要因によって強く大きくなります。文化や家族、職場、家庭、あるいは個人の中で、受け入れがたいこと、恥ずかしいこと、間違っていると考えられていることが、恥を増幅させる要因となるのです。

言い間違いやシャツのシミ、間違って送ってしまった絵文字を恥ずかしいと感じるかもしれません。他の人がどうでもよいと言うようなことや、まったく気に留めたこともないようなことを恥ずかしいと感じることもあるでしょう。

恥の感情には、「さらに恥をかかされるのではないか」「仲間外れにされるのではないか」という恐怖が隠れています。恥に潜む恐怖が強烈なのは、私たちの脳の仕組みのせいです。脳のいくつかの領域が、人類がサバンナで生きていた一万五〇〇〇年前と同じように機能しているからなのです。

当時の人間にとって、群れからつまはじきにされるのは「死」を意味しました。群れから外れることで、たちまち野生動物の餌食にされてしまうからです。小さな子どもならなおさらです。人との繋がりなくして一人で生き抜くことはできません。なので、たとえば誰かに手が震えているところを見られてしまったりして、あなたが恥の反応の只中にいる時に、命を脅かされる恐怖を感じることがあります。これは人類共通の歴史の記憶でもあり、親の存在なくして生き延びられない幼少期の記憶でもあるのです。

恥は無意識的なもの

恥は話題にしにくいものです。私たちは恥じていることをも恥じ、そのことを口にしたくないと思うことが多いようです。あなたが孤独を感じたり、気分が落ちこんだりする時、その背景に恥の感情があることに、自分では気付かないかもしれません。

たとえば、あなたが仕事をクビになったのは恥じることではないと理性では認識していても、恥の感情が生まれることがあります。誰かにそのことを伝えなくてはならない時、心臓の鼓動が激しくなったり、目が泳いでしまったりするでしょう。恥の感情は私たちの心の奥深くに根を張っていて、理性で簡単に片付けられるものではありません。

あなたが恥に関心を持つには、二つの方法があります。一つは、いつも何が恥の反応を引き起こすのかを知ろうとすること。次に、深層で恥を助長するものが何なのか、ほんの少しルールからはみ出しただけで、度を越して恥の感情を感じてしまう原因が何なのかを知ろうとすることです。

恥が生まれやすい状況

恥の感情をしばしば引き起こすテーマや状況を紹介していくことにしましょう。それらはほんの一例に過ぎず、他にいくらでも挙げられます。

周りからどう見られるか

たとえば体や服装など、あなたの外見はどう見られているでしょう。または、あなたの家や車はきれいに片付いていると思われているでしょうか、それとも散らかっていると思われているでしょうか。

ある日、私はズボンのチャックを閉め忘れていたことに気が付きました。最悪なことに私はそのことに気付かずに教壇に立っていました。私は深い恥を覚えました。

ヤコブ、五十六歳

三キロ太ってからというもの、私は海水浴に行った時などに、腹部を見せるのをやめました。以前はビキニでいられたのに、今は水着の上からワンピースを着ています。どんなに暑くてもワンピースを脱がなくなりました。

メレーテ、四十五歳

感情

ネガティブな感情とポジティブな感情、どちらも恥に繋がることがあります。たとえば、あなたの前の席に座る同僚の給料があなたよりも低いとわかった時、つい嬉しくなり、喜びをかみ殺したことがありませんか？　ですが私たちは主にネガティブな感情を恥じる傾向があるようです。他の人に自分が動揺していると気付かれ、恥ずかしいと思う人が多くいます。そういう人たちは、手が震えていることや脇の下に汗をかいていることを、本能的に隠そうとします。苛立ちから恥が生まれることもあります。

私の恋人はよく花をくれます。初めは純粋に驚き、思いやりのある恋人を持てたことを喜んでいました。ですが、何回ももらった今では、同じように喜ぶのが難しくなってきました。時には、花瓶を探すのが億劫に感じられるほどに。

喜んで見せるようあれこれ努力してきましたが、心の奥では、花ばかりもらうのがうっとうしくて、イライラしてしまうのです。そのことを決して彼に気付かれたくありません。

ピア、二十八歳

あなたはたとえばプレゼントをもらって喜べなかったり、相手が期待するようなポジティブな感情を抱けなかったりすることを恥じるかもしれません。

ニーズ

できることなら隠しておきたいニーズがあると聞いて、身に覚えがありませんか？

私は昼寝をしないと、夕方、いつもぐったりして何もできなくなってしまいます。幸い私の場合、働く時間を調整できたので、毎日十四時から十五時までの時間を睡眠に充てられました。そのことは私の妻しか知りません。私が寝ている間に誰かがドアをノックすることがあれば、鍵を掛け忘れていないかと心配になります。昼間に寝ているところを見られて恥をかきかねませんから。

オーレ、55歳

あなたが間違っていると思う願望は？

私は妻を愛しているのですが、それでも他の女性に惹かれ、一緒にいたいと思うことがあります。これは誰にも知られたくありません。

モーテン、57歳

ニーズや願望は、自分では選ぶことができないのでどうすることもできません。それらは、恥と深く結びついています。

人生の状況

たとえば自分の意志に反し独身だったり、子どもがいなかったり、仕事がなかったりと、自分の置かれている状況が賞賛に値しないと思っている場合、ちょっとしたことですぐに他人から見下されているという被害妄想を抱いてしまいます。

生活保護を受給するようになってから、外に出たくなくなりました。何をしているか聞かれるのが嫌だったのです。時々、自分自身がそのことについて嘘をつく声が聞こえました。本当のことを言うのが嫌でしかたなくて、誇れる職業に就いているという作り話を自然としはじめてしまっていました。

イェンス、五十九歳

私は一人になってからというもの、土曜の夜に散歩に行くのをやめてしまいました。新鮮な空気と運動を必要としていたのに、部屋にこもるようになりました。土曜の夜に一人で散歩へ行くと、「私は一人ぼっちです」と宣伝して歩いているかのように思えました。

イリーネ、六十二歳

自分で選んだわけではない、あるいは弱さを連想させるような状況では、あなたはすぐに「間違っている」「価値がない」と感じ、恥の反応を示すようになるでしょう。

理想の自分像が崩れる

母親または父親の役割を完璧にこなせないことで、苦しむ人が大勢います。

子どもが生まれるまでは、私は自分がよい親になれるものと思いこんでいました。児童心理についての本を読み、親として何をするべきなのか、しっかりと学んできました。ですが現実は違っていました。特に記憶に残っているのは、八日間連続で雨が降った日のことです。子どもたちと家にいた私は、心地よい空気を作ろうとしました。ですが最終的には疲弊し、座りこみ、泣き出してしまいました。
私の反応に子どもたちが不安を覚え、心に傷を負わないか心配になりました。

リーセ、四十三歳

他人からぞんざいな扱いを受けた時

他人からされたことからも、恥の感情が生まれることはあります。実際、恥じるべきなのはそれをした相手のほうなのですが。近親相姦の被害者は、恥を覚えます。暴力の被害者も同じです。私たちの多くは、自分たちがぞんざいな扱いを受けたり、拒絶されたり、無視されたり、見落とされたり、忘れられたりするのを、他人に見られたくありません。そういったことを子ども時代に体験すると、それを語る勇気を出すまでに何年もかかる場合もあるでしょう。

子どもの頃、私は姉と比べて劣っていると言われていました。父は姉がいかに勤勉で落ち着きがある子かをことさらに語り、私に姉のようになれと言いました。私は学校の授業になかなかついていけず、あまり長い時間おとなしく座っていられませんでした。大人になってから子ども時代のことを聞かれる度、私は「幸せだった」と答えました。大半の面では、確かに幸せな子ども時代でした。でも姉と比べられ、孤独を感じていたのです。そのことを、これまで誰にも打ち明けたことはありませんでした。

アウネーテ、十八歳

大人になってからも、こういった状況になりかねません。

私は職場で降格させられたことを、妻に伝えずにいました。伝えたのは、役目が変わったということだけでした。名誉あるポストを後輩に奪われ、あまり重要でない部署に異動させられたとは言わずにいました。

ヘニング、五十七歳

侮辱され、ぞんざいに扱われると、自分の価値が低くなったように感じ、身を隠したいと感じてしまうでしょう。

弱さと依存

あらゆる形の自己不全感や無力感からも、恥は生まれます。

離婚して数日、ほとんど眠れていない中、仕事に行かなくてはなりませんでした。私は平気そうに見せようとしました。ですがそれは本心ではなかったので、笑顔も引きつってしまいました。私は惨めなことに、自分の醜い心の内を隠そうとしていたのです。

マリア、四十二歳

私は喫煙者であることを恥ずかしく思っていて、タバコを吸うことを何とか隠そうとしてきました。親友といる時でさえ、窓から見られないように物置小屋の裏に隠れてタバコを吸いました。

シャロッテ、四十八歳

セラピストから何を恥じているのか聞かれたことで、私が恥じているのは、自分が罵倒されたことではなく、自己弁護できなかったことだと気付くことができました。

ピーター、四十五歳

間違っていると言い難い感覚

無力感は、しばしば恥の引き金になりえます。あなたは自分自身と人生をコントロールできる強い人間だと他人から思われたいと感じることでしょう。ですが常にそういられる人はいません。

原因がはっきりとわからないことに困惑することがあります。まだ見付かっていないだけで、自分にはどこか欠陥があるに違いないと感じているのかもしれません。

十代の頃、私は自分の背中は汚いのではないかという奇妙な感覚を抱いていました。ですが服を脱いで確かめてみる度、それが間違いであることに気付かされました。それでも私は、自分以外の人には見える欠陥がどこかにあるのではないか、という思いにさいなまれていました。

メッテ、三十二歳

あなたが他の誰かを恥じる時

あなたと関係のある人の外見を恥ずかしいと感じるなら、その人と一緒にいるのを見られるのも恥ずかしいと感じるかもしれません。たとえば、お酒を呑み過ぎたり、貧乏だったり、肥満だったりする親がその例です。もしくはあなたに恥をかかせるようなパートナーや子どもなども。

私の兄は筋ジストロフィー症で、車椅子に乗っています。子どもの頃、家族で日曜日に散歩に行く際、数メートル離れて歩こうとしました。まるで一人で歩く孤独な少年であるかのように。私は自分が兄と一緒にいるところを見られたくないだけでなく、自分が兄と兄弟であると知られたくないと思う悪い人間だと感じていました。

ポール、五十二歳

パーティーで父親がスピーチをしようと立ち上がる度、私はテーブルの下に潜りこんで、隠れたくなります。実際に隠れはしませんでしたが、父のことを恥じているのを隠し、集中しているふりをするため、紙ナプキンをじっと見つめました。

ハンネ、三十二歳

間違いを目撃したら

自分が関わっていないことに恥を感じることもあるでしょう。公衆の面前で立ち小便する酔っ払いの横を通り過ぎた人たちは、気詰まりな思いをするかもしれません。恥ずかしいぐらい馬鹿なことを言う人は、聞く人に、同じように不快感を抱かせるかもしれません。口の端に食べかすが付いている人や、妻のことを悪し様に言う夫を目撃した際にも、同じように感じるでしょう。気まずさは、恥ずかしさや困惑やシャイさと同じく、恥に類する感情です。

先ほど述べた通り、それらの例は、恥を呼び起こしうるすべての状況に当てはまるわけではなく、ほんの一例でしかありません。何が恥の感情を引き起こしうるかに、実際に境界線はありませんが、それらの例をたどっていけば、あなたの恥に行きつくでしょう。

恥と罪悪感の違い

罪悪感が自分のしたことに対して感じるものである一方、恥は自分の存在に対して感じるものです。あなたが罪悪感を覚えたとすれば、罪悪感を呼び起こすような何をしたのか、何を怠ったのかを大抵は言えるはずです。しかし恥はそうではありません。何を恥じているのかわからなくても、恥を感じることはあるのです。恥ずかしいと思っていることを誰かにばらされるかもしれないとか、仲間外れにされるかもしれないとかいった恐怖にさらされながらも、自分は間違っているかもしれないという感覚にさいなまれているのかもしれません。

罪悪感と恥が同じ行動から生まれることがあります。たとえばあなたが恋人を罵倒したとします。罪悪感は、あなたが「なかった」ことにしたい行動から生まれます。一方で、恥の感情は、あなたがしてしまった行動に自分自身の本性が表れていると感じた時に生まれるものです。

「その行動から自分がどんな人間だとわかるだろう？　私は愚か者なのだろうか？　それともあくどい人間なのか？」

罪悪感には、責任をとれます。「これは私の間違いです。ごめんなさい」と。そうすることには大きな価値があります。しかし恥の場合は違います。あなたが一番言いたい言葉はこうでしょう。「私はやっていない」。なぜならあなたは自分の行動によってあなたにスポットライトが当てられ、自分の本性が注目されるのを恐れているからです。

謝ったり、花を買ってあげたり、夕飯をご馳走したり、埋め合わせをしたりすることで、罪悪感を和らげることができますが、恥の感情はそうはいきません。恥は自分自身への不安や人間としての価値の低下という形で、あなたの心に巣くい、離れなくなるものです。

罪悪感と恥は一緒に表れやすいのですが、この二つを区別できるようにすることが重要です。それぞれに別々の対処が必要です。

罪悪感	恥
あなたの行動に関係している	あなたの人となりに関係している
あなたの自己感覚に影響する	あなたの自己感覚に影響する
行動する必要性を感じさせる	あなたの心が麻痺し受け身になる
謝ることで軽減される	謝っても意味はない
どうにかできる場合が多い	どうにもできない

恥の反応は一種の警告

属する共同体によって、どこまで許されるかは異なります。共同体内で許容されるリミットにどれぐらい近づいているか、常に測ることのできる一種の温度計や気圧計があると想像してみてください。その温度計や気圧計は、他の人があなたを見ている時に、その人の目に浮かぶ表情を監視したり、共同体で互いについてどんな話がされているのかを検知したりするセンサーです。

たとえば、他の人と違う行動をとる人や、容姿が目立つ人に対し、好意的な意見を言う共同体もあります。その場合、あなたの社会性のセンサーはあまり作動しないでしょう。ですが、たとえば失業者を中傷したり、他人についてネガティブなことを言ったりする共同体に属しているのなら、あなたは自分に仕事がないこと、またはかつて仕事がなかったことを話す気にはならないでしょう。他人についてすぐに審判を下す共同体に属しているのなら、あなたは自制して、あまり目立たないようにすることでしょう。

あなたの内なるセンサーが危険を検知すると、共同体内で許容されるリミットを踏み越えるのを恐れ、恥という形で警報が鳴り出します。心臓が高鳴り、恥ずかしい状況からどうしたら抜け出せるかで頭が一杯になります。伏し目がちになり、頬が赤くなるか蒼白になることでしょう。

センサーはあなたが群れからつまはじきにされるような行動をとるのを防ぐのです。あなたが落ち着いている時は、センサーは作動しません。しかし、びっくり箱の中から飛び出す人形のように、突然発動してきて、あなたを体の芯から震え上がらせることでしょう。

このセンサーには誤作動も多くあります。問題は、現代の社会が人間の脳が発達途上だった過去の時代とまったく異なっている点です。戦闘で勝てるかどうかは、今では重要ではありません。逆に今では自分の不完全さをあえて見せることで、他者と親しい関係を築きやすくなります。深い親密な愛情で他者と繋がりたいのであれば、自分の傷つきやすさを感じ、それをあえて表に出す勇気が重要です。

サバンナで暮らしていた頃は、生存できるかどうかがすべてでした。今の私たちには、幸福を求める余力があります。今、重要視されている才能は、愛する能力なのです。自分の強さを発揮することと同じぐらい大事なのは、脆さを身近な人たちにあえて見せ、不完全さを認めることなのです。

自己理解が不十分な領域ではセンサーが誤作動し、不安を感じるのです。センサーは足下の地盤の揺らぎを感知し、あなたがリミットを越えようとしているのを認識します。

自己理解が不十分な箇所がどのように生まれるのか、次章で紹介します。

恥は社会的感情

社会的なセンサーの働きが鈍い人は、他人に対してどのように振る舞うべきかをはかる感覚があまり鋭くありません。たとえば、一人でノンストップで話し続ける人や、相手が恥ずかしがっているのに気付かず個人的過ぎる質問をしてしまう人や、形式的なハグをしてきた相手に長いハグをし返してしまったりする人がそうです。

あなたの恥の反応が比較的穏やかで短期的であれば、及ぼされる影響はポジティブなものばかりでしょう。そういう時、あなたは周囲に合わせて行動をするようになるので、他の人から何を間違っていたのか教えてもらう必要はなくなるでしょう。センサーは、同僚や隣人や家族から不評を買わないように、あなたに警告するのです。

問題なのは、グループから逸脱した行動を少しとるだけで、またはそうした行動をとろうかと考えただけで、あなたの恥のセンサーが作動してしまうことです。他の人と親しくなれたり、クリエイティブになれたりする可能性に惹かれつつも、あなたは自分のスタイルを変えるのを躊躇してしまうかもしれません。

恥は社会的感情なので、無人島に一人でいると、センサーはなかなか作動しません。恥の反応を強く示す人たちは、一人の時に一番リラックスでき、様々な面で自立した人生を選ぶ場合が多いようです。ですが、一人でいることをも恥じることで、余計に恥を感じかねません。そうして悪循環に陥ります。ある人が恥を避けるために一人でいようと選択したのに、孤独であることに、さらに恥を感じてしまうのです。

孤独を感じるために、一人暮らしをする必要はありません。共同体の中にいても、無人島にいるような感覚を味わうことはあるでしょう。共同体に属していても、あなたが誰なのか、あなたが何を感じているか深くまで知る人が一人もいないこともあるでしょう。大げさな恥の反応は、しばしば孤独を生むのです。

エクササイズ

どんな状況で恥を感じるのか、リストを作ってみましょう。

それらの状況で、あなたの社会的センサーが、あなたが目立ってしまう危険を過度に検知していないか考えてみましょう。

あなたがどんな状況で、罪悪感や恥を覚えたか思い出してみてください。罪悪感と恥の区別がつくか確かめてみましょう。

第一章のまとめ

恥の性質と機能

軽い不快感から無力感といったまったく抗いようのない感情まで、恥の程度は様々です。夫婦関係が破綻するのではないかとか集団から排除されるのではないかとかいう恐れも、恥に含まれます。

恥は罪悪感と違って、謝ったり、罪滅ぼしをしたりすることで消えるものではありません。

恥は社会的感情です。最良のケースでは、恥は人間関係を築く上で役に立ちます。最悪のケースでは、警告の社会的センサーが過剰に働いて、周囲から少しはみ出しただけで、激しい恥の感情に圧倒されてしまうことでしょう。

何を恥と感じるかは、人それぞれですが、恥を感じやすい状況もあります。それは私たちが無力感を覚えたり、自分をコントロールできないと感じたりする状況である場合が多いです。

第二章

慢性的な恥は
誤解や諍《いさか》いから生まれる

恥は、共同体で許容されるリミット、または他者のリミットを踏み越えようとしている時に警告してくれます。そういう時に一時的に恥を感じるのであれば、健康的な反応と言えます。一方で、「自分は間違っている」という感情を常に抱くようになってしまうと、それは慢性的な恥となります。慢性的な恥を感じれば感じるほど、さらに恥が生まれる状況に過剰に反応しやすくなります。そして、あなたの「隠れたい」という切迫した感情は、一時的なものではなくなります。あなたは何日も続く不快感に圧倒されてしまうでしょう。

慢性的な恥をあまり感じずに、ずっと幸福に生きることもできます。ですが人生に巻き起こる出来事や危機や困難によって、恥を感じ、自分のすべてが急に間違っているように感じられることもあるでしょう。「自分は間違っている」という感覚を何度も繰り返し味わうことで、慢性的な恥を感じるようになります。

私たちは他者と繋がっていると感じることで、安心感を覚えるものです。とりわけアイコンタクトをとることで、一体感を覚えます。誰かの目を見て、見られている、理解されていると感じた経験がきっとあるはずです。相手が自分と同じトーンで話し、調子を合わせる時、声が共鳴することで連帯感が高まることもあるでしょう。相手と目が合い、答えが返ってきて、自分が認識されていると感じられた時、あなたの人生を肯定する深い喜びと一体感を覚えるでしょう。しかし、送った信号が別の波長で返ってくると、あなたは困惑したり、相性が合わないと感じたりするでしょう。

いくつかのプロセスを経て、ついに私は恋人にあなたのことを失うのが怖いと伝えました。私は彼が私の傷つきやすさを理解し、優しい声の調子で答えてくれるよう願っていました。でも、そうはなりませんでした。彼は目に親しみの情をみじんも浮かべず、こう私を突き放したのです。「まあ、そういうこともあるさ」。まるで新しい自転車の話をするかのように。私は拒絶されたように感じ、自分に自信がなくなりました。

アニータ、五十二歳

アニータが強い自己感覚の持ち主だったなら、ちょうどその時恋人は親愛の情を示したい気分ではないのだろうとか、彼女の意図を誤解したのではないか、と考えたことでしょう。もしかしたら、彼女は自分の言葉を恋人がどう解釈したのか本人に問い詰めようとしたかもしれません。

相手の答えがあなたの質問とかみ合わなくても不安にならないようにするには、あなた自身の価値を強く信じなくてはなりません。自己感覚が低い人は、自分が間違っているのではないかとすぐに不安になるでしょう。

自己感覚と自己肯定感

自己感覚とは、あなたの重要性やあなたの価値を、あなた自身が評価したものです。周りから関心を持ってもらい、承認され、尊重されれば、あなたの自己感覚は高まるでしょう。つまりは、あなたが見守ってもらったり、価値を認められたり、好かれていたりすると感じるポジティブな体験をすることで、自己感覚は高まります。自己感覚とは、あなたがあなたらしくいられると感じることです。

赤ん坊の頃から、私たちは他者の目を探し求めます。私たちは他者が自分にどう反応するか目にすることで、また他人の目に自分がどう映っているかを知ることで、自分のことを知ります。このようにして私たちは、自分の心の内で感じていることが、他者に受け入れられるものだと知ることができるのです。こうして私たちの自己肯定感が育まれていきます。

自己感覚はあなた自身に対するあなたの評価であり、自己肯定感はあなた自身に対するあなたの感覚です。どちらもあなたの存在に関わっています。自己感覚と自己肯定感は、自信とは異なります。自信とは、あなたの能力に対する信頼のことです。あなたが何事にも長け、自己感覚を大いに感じていても、自分がどう見られ、人としてどれほど価値があるか深く認識できていないこともあります。自信は成功体験から生まれるものです。

自信を持つことは、恥の感情から身を守ることではありません。「自分は愛される価値がある」という信念が微々たるものであったとしても、「人生で何かを成し遂げられる」という強い信念を持つことは可能です。しかし、いくら自信を持っても、恥の感情から身を守ることはできません。あなたが確固たる自己感覚と自己肯定感を持っていれば、そう簡単に恥に襲われることはないでしょう。自己感覚と自己肯定感は、愛情深く受け入れられることで育まれます。

恥が生まれやすい状況でも、あなたが強くいられるかどうかは、あなたの自己肯定感と自己感覚の強さによります。どちらもあなたが小さい時に一番近くで世話をしてくれた相手との交流や、あなたの人生を肯定してくれる人との出会いにより育まれるのです。

本当に見られていると感じること

アイコンタクトは心地よく、深い心の慰めになります。目が合ったり、自分の姿が映ったりするのが心地よく感じられる、開かれた、穏やかな瞳を持つ人もいるでしょう。見られていると感じることは、人生を肯定される強烈な体験です。誰かがあなたに対してオープンに、無防備に接してくれて、あなたとまったく同じ波長であなたを受け入れてくれ、あなたが相手の視線や口調や言葉選びやボディ・ランゲージに親しみを感じた時に、その感情は生まれます。そのような感情を、まるで相手の瞳に触れられているかのように、体で感じることもあります。あなたは愛されていると感じるか、子どものように愛情深く抱っこされているような感覚になるかもしれません。そのような体験はしばしば、両者の心を通わせることでしょう。あなたが見られ、認知された瞬間に、あなたが見せている部分が初めて生まれるかのように感じられるでしょう。

あなたが送るのも、あなたが受け取るのも、どちらも完全に非言語的なものかもしれません。

ゆとりがあり、調和のとれた母親または父親は、子どもの表情や声色、体の動き、呼吸に自然に合わせながら、人生を肯定するような出会いを子どもに与えられます。安定した自己肯定感と良好な自己感覚を育むための鍵を見付けることができるでしょう。

歪んだ鏡

子どもを受け入れ、ミラーリング（注：好きな相手の仕草や声のトーンなどを無意識的に真似すること。翻って、相手に安心感を与えるために、相手の仕草や声のトーンなどをわざと真似する心理テクニックが用いられる場合もある。同調効果とも言われる）することができない親もいます。そういう親は癒やされないトラウマを抱えていて、感情面でストレスを感じているのかもしれません。もしくは彼ら自身、ミラーリングが上手くできず、自分らしくいることや自分自身を癒やすのに、感情的なエネルギーを使い果たしてしまっているのかもしれません。

子どもは自分自身をはっきりと認識したくて瞳を探します。その時に親が愛情深く寄り添ってくれないと、子どもは困惑し、親の瞳に映る異質な自分の姿に悩まされることでしょう。

最悪の場合、ケアする側とされる側が入れ替わってしまい、子どもの方が親の波長に合わせようとしたり、親をポジティブな気持ちにさせようとしたり、親の気持ちを落ち着かせたりすることになりかねません。親が子どもを受け入れ、ミラーリングできない時に、子どもが親と繋がる唯一の方法は、自分自身がよい鏡になることです。するとその子は、大人の負担を減らすような行動をとります。大人から不十分だと思われたり、不快感を示されたりしないように、何も困っていないふりをしようとします。そのような状況では、子どもは自分自身のことがわからなくなってしまうのです。すると自己肯定感が低くなり、今いるのが現実の世界でないかのような感覚を味わうことでしょう。

子どもの波長に合わせる能力がまったくない親はあまり多くありません。ですが、大半の親には、そうできない苦手な分野があります。苦手な分野では、たとえば子どもがネガティブな感情を示した時に、親は自分に自信が持てなくなってしまいます。

赤ん坊が泣くと、私は何か間違ったことをしたのではないか、自分は悪い母親なのではないかと不安になります。耐えられなくなった私は、走り回ったり、ふざけたり、逆立ちしたりして、何とか子どもを笑わせようとしました。

マリー、五十六歳

マリーが自分自身についての情報を求めて子どもを見つめた時、ミラーリングをする側とされる側が逆転したのです。マリーはわが子の感情面での体験を確かめようと、子どもを見ました。子どもを理解しようと集中するのではなく、自分がよい母親かどうかが気に掛かっていたようです。逆に、彼女の息子はミラーリングすることができませんでした。母親の回答から、息子は自分自身を見出すことができませんでした。彼に「悲しいのね。大丈夫よ」と言ってあげる母親はいなかったのです。マリーは自分の表情や声のトーンやボディ・ランゲージに息子の感情や心情をミラーリングできませんでした。そのため彼は「悲しい」という状況の中で得られる自己理解を育むことができませんでした。「悲しい」という状況は、「あなたは存在していない」というメッセージを映し出していたのです。そして、存在しないという体験こそが、まさに恥の体験の引き金となるのです。

マリーは悪い母親ではありません。ただ子どもの時に親からあまり質の高いミラーリングをされてきませんでした。彼女の中の無意識の力が、質の高いミラーリングを躍起になって求めるあまり、子どもに対して配慮の欠けた行動をとってしまっているだけです。ひょっとしたらマリーは息子の感情に寄り添い、その子の波長に合わせて反応することが、いかにその子にとって大事なのか、わかっていないのでしょう。また、彼女はそれを知っているけれど、それを機能させる術を知らないのかもしれません。子どもの笑顔という承認を得られるよう期待して「愉快な母親」を演じたり、注目を得たいという衝動に、何度も駆られてしまうかもしれません。または無意識のうちに「優秀な母親」と認められたいと願って助言したりすることで、子どもの問題を解決できる「賢い母親」を演じてしまうのかもしれません。この場合も、子どもは自分自身を発見する機会を与えてくれるようなミラーリングを得られません。

子どものポジティブな感情が、母親の重荷になってしまうこともあります。

娘が私の膝によじ登ってきて抱きついてくると、私はそわそわしてしまいます。自分が持っていないものを求められているような気がしてしまって。私は一人、思考を巡らせ、頭の中を整理できる時に、一番心が安らぎます。それが私の得意なことだからです。

カリーナ、三十三歳

カリーナは娘の愛とボディ・タッチをしたいという願望を、娘の自己感覚を高められるようミラーリングさせることができませんでした。それどころか、娘は母親から感情を無視され、自分と同じ波長でミラーリングしてもらえないことで、母親が自分の愛情に満ちたアプローチを上手く受け止められないと解釈せざるをえませんでした。二人の心が真に触れ合うことはありませんでした。

子どもの内なるセンサーはこう叫ぶでしょう。「間違っている！」母親が間違っていると認識するのは子どもにとってあまりにも恐ろしいことなので、その子は代わりに自分が間違っていると考えようとします。実際、彼女は自分の愛の求め方と注目の引き方に問題があるのだと解釈しようとしました。大人になると彼女は控え目になり、物事に躊躇するようになり、誰かに愛の手を差し出したくなると、すぐに恥と不快感を覚えるようになりました。

無視されたり、ネガティブなミラーリングをされたりしがちなものに、子どもの怒りがあります。

子どもが怒りの反応を示すと、私は自分が設定したリミットが適切だったのか、それとも厳し過ぎたのか、とても不安になります。私は子どもにどうして駄目なのか説明するのに多くのエネルギーを費やさねばなりませんし、私も子どももどちらもフラストレーションを覚えてしまいました。私には子どもが理解してくれたとは思えないのです。

カロリーネ、二十四歳

カロリーネの息子が怒りを示した際、彼女は自分のことで頭が一杯になりました。彼女が悪い母親だったからではなく、自分らしくいるのに十分なサポートを得ていない不安定な母親だったからです。彼女の息子は、母親が自分のことを見てくれて、自分の感情に問題がないと、母親がそれでも自分のことを愛してくれていると安心できるような答えをもらう必要がありました。母親の言葉の多くを、彼は理解することができません。彼は「あなたは今怒っているけれど、あなたは愛されている子どもなのよ」と語りかけるような愛情深い視線を必要としているのです。

母親が息子に愛情だけをこめてミラーリングしてきたなら、その息子が特定の感情を抱いた時、パズルが一ピース欠けただけで、残りのピースが合わなくなってしまうのと似た体験をすることになるでしょう。彼は一貫した自己認識を欠くようになります。喜んでいる時、自分は愛される価値があると感じますが、怒っている時、自分を信じる気持ちはすべてなくなり、自分自身についての体験が消えてしまう危険性があります。

子どもの体験はすべて、大人の体験よりも強烈なものです。まだ自己感覚が備わっておらず、大人と一緒でないと生きていけない子どもにとっては、大人にとっての何百倍も恐ろしいものです。モンスターのように歪んだ顔を映し出す鏡を想像してみてください。または自分とは思えないほど美しい完璧な顔が映る鏡を。子どもは鏡を手放す代わりに、自分自身を手放そうとするでしょう。そして子どもは、自分が存在していないように感じるようになるでしょう。子どもは人からまったく見られないことで、自分が存在しているのかを知ることができなくなるのです。無視されたり、不適切なミラーリングをされたりした経験は、子どもにとって非常に不愉快なもので、その子はたちまち抑圧されてしまうでしょう。

子どもの時に拒絶されたり、無視されたり、不適切なミラーリングをされたりした経験が、誰にでもあるものです。英国の精神分析医のピーター・フォナギーが二〇〇六年に自著に書いたように、どんなによい親でも、子どもからの質問のおよそ二回に一回は間違った答えをしてしまいます。子どもは三回に一回でも、親から見られ、理解を示され、波長に合わせて答えてもらえれば、自分が何者かを知るのに十分なよりどころを築けます。

心に寄り添うミラーリングは心の支えに繋がる

子どもの頃、私は算数が得意でした。私は算数について、よいミラーリングをしてもらえました。両親も学校の先生も、私を出来のよい子として扱ってくれました。この経験から私は今でも、周りから違ったミラーリングをされても、自己肯定感と自分は賢いという信念を持ち続けることができています。

たとえばシェア・オフィスでお昼を食べている時に、こんなことがありました。私の周りにいたのは、ジャーナリストをはじめとしたとんでもなく情報通で博識な人たちばかりでした。私はというと、テレビは滅多に観ませんし、世界情勢についても最低限の動きしか追っていませんでした。ある日、ある映画の話題になりました。私は複数いたジャーナリストのうちの一人が映画を作っていたと知っていたので、その人に「その映画を作ったのはあなたですか」と尋ねました。すると急にその場は静まり返り、そこにいた人たちは気まずそうにしました。私に質問されたジャーナリストは、教え諭すように、その映画の監督は誰なのか説明してくれました。どうやらその映画は大半の人に知られていて、知らないのは私だけのようでした。私はしばらく机に視線を落とし、恥ずかしく感じました。でも不快感は心の奥深くまで侵食することはなく、恥の感情はすぐに消えました。たとえ私が他の人の耳に愚かに聞こえる質問をしてしまったとしても、自分は馬鹿じゃないと知っていたからです。

これは優れた心のサポート機能が働いた時の例です。

あなたの心の内に残る励ましは、かつて人生で重要な人からあなたがもらったものです。重要な人とは、愛情深い親、もしくはあなたをポジティブな目線で捉えてくれて、あなたが支えを必要とする内なるステージに招き入れることができるよい先生などです。あなたが困難な状況に陥った際、その人たちがこう言うのを耳にすることでしょう。「どうにかなるよ」

自分が何者なのか、かつて私たちに教えてくれた人たちは、ある意味、私たちの中で生き続け、時々、私たちの目の前に現れ、励ましや批評をくれたりします。

ミラーリングの欠如は、自己サポートの欠如に繋がる

自分が理知的な人間だと確信していると書きながら、不安になってきました。私は自分自身をポジティブに見せるような内なるサポートを得ていないのですから。なので私は後でその記述を消せばいいのだと常に自分に言い聞かせながら、やっとやっとで書いたのです。

私が育った家庭では、自慢することはよくないとされていました。私が自分を特別だと勘違いすることで、周りからたちまち批判され、一緒にいるとイライラする親子だと思わ

れるのを父が恐れていたからです。今でも私が大胆にも自画自賛する度、父親から冷ややかな目線を向けられます。

子どもの頃、特定のニーズや感情を抱いたり、体験をしたことがあり、それらを育もうとして常に無視されたり、間違ったミラーリングをされたりしてきたケースもあります。

不幸で絶望していた子ども時代の私を、父は他人を見るような目で眺めていました。「惨めに思う必要はない」だとか、「自分のことを傷つけるのはやめなさい！」などと忠告できたはずなのに。

ゲアダ、五十二歳

大人になってからゲアダは緊密な人間関係を築くのに問題を抱えるようになりました。彼女にとっては他者と緊密な関係を築くのは、とても大変なことでした。悲しい時、できるだけ一人でいようとしました。他の人に不幸せそうと思われると、彼女は痛々しいほど不安になり、見下されたり見捨てられたりしないかと恐れました。

もしもあなたが、自身の特定の面について精神的サポートを受けてこなかったのであれば、後の人生でそれを見付けることもできます。あなたを受け入れ、親しさを示してくれる誰かが現れ、その人はあなたを見て、表情や声のトーンやボディ・ランゲージといったものすべてで、あなたの見落とされた部分を映し出すでしょう。そして、あなたの人格のうち、実はその部分に愛する価値があり、問題なんてないことをその人が示してくれるというよい経験ができるかもしれません。

あなたの見落とされた部分に、あなたの自己感覚の穴があるのです。それは慢性的な恥の主な要因になっています。慢性的な恥は、たとえばあなたが何かを間違えた時に、その場しのぎの反応を示すだけでなく、愛されていないとか、自分は間違っているとかいった感覚を永久に抱き続けるのです。

エクササイズ

小さい頃、どんなミラーリングをされてきたか、思い出してみましょう。

よいミラーリングがされてきた面はありますか?

愛情深く注目されることを求めている、普段見えていない別の面はありますか?

第二章のまとめ

慢性的な恥は誤解や諍《いさか》いから生まれる

自尊心と健全な自己感覚を育むには、あなたに向けられる他者の視点や反応から、ミラーリングをする必要があります。

恥も自分は間違っているという感情も、幼い頃、保護者からあなたの姿を歪んで解釈されたり、完全に無視されたりした体験から生じます。子ども時代にそういった体験を頻繁にしてきたのなら、あなたは自分の知らない部分が自分の中にあるのだと気が付くでしょう。

かつて見られることのなかった喜びや怒りといった反応を、今になって周りの人から求められると、不安になり、非現実的だとか自分は間違っているとか感じてしまうのです。

第三章

恥は「自己感覚の穴」への反応である場合も

これまでミラーリングができなかったために、自分にとって異質な側面が求められた時、あなたは少しぎこちなく、恥ずかしく、神経質になるといった反応を示すことでしょう。

怒ってもフォローしてもらえなかったり、列に並んでいたのに横入りされたりすると、あなたの思考や感情はフリーズしてしまうでしょう。悲しんでいてもフォローしてもらえなかったり、職場で大事なことを自分だけ知らされていなかったりすると、できることなら消えてなくなりたいと感じます。自分の悲しみを隠そうと必死になるのです。または不安になった時に精神的なサポートをしてもらえなかったり、どう解決したらいいかわからない仕事を任されたりする時もそうでしょう。

精神的なサポートを受けていない面が求められる場面で、あなたは不安になり、今いるのが現実の世界ではないかのような感覚に陥るかもしれません。または見下されたり、見捨てられたりする恐怖に心を支配されてしまうかもしれません。

あなたが精神的サポートを得られない地点まで到達してしまうか、あなたの自己感覚の穴にはまりそうになると、あなたの心のセンサーが発動します。センサーはあなたが生命の危機に立たされているのではないかと危ぶんで、周りから拒絶されたり追放されたりしないかと目を光らせています。そうしてあなたの恥を溢れ出させ、あなたを踏み留まらせようとするか、隠れ場所を探させようとするのです。

あなたの自己理解と現実のあなた自身が一致している時、足下の土がしっかり踏み固められているように感じられ、安心できます。子どもの頃、嬉しいと思った時に、いつもポジティブで健康的なミラーリングをしてもらえたのなら、自分は陽気な人間で、価値があるのだというポジティブな信念を抱くことができるでしょう。自分のことを陽気な人間と捉えることで、あなた自身との調和を感じ、社交の場でリラックスできるのです。他方で、あなたが不安を感じた時、いつもネガティブな反応を示されたり、無視されたりしたのなら、大人になってからの不安な体験は、恥と結びつきやすくなるでしょう。

子どもは不安な時に、一番身近な保護者に愛情深く扱われなかったことに気付くと耐えられなくなるものです。それどころか、自分が間違っていると思ってしまいます。

そういう人が大人になり、不安を感じると、恥を感じてしまいます。恥の反応は、床がない所へ足を踏み出してしまったり、つるつるの氷の上を歩くようなものです。私たちが恥を感じる時、内なる審判が、「間違いだ！」と叫ぶでしょう。その声を聞いてあなたはきっと、それは子ども時代によく起きた誤りを指摘されているのだと理解できないでしょう。代わりに、間違っているのはあなた自身だと思ってしまうのです。

恥の感情は晴れ渡った空に突如光る稲光のように現れ、顔を隠したいとあなたに思わせます。まるで表情をコントロールできなくなったかのように。普段のあなたの内面とあなたの顔の間の密接な繋がりが断切されたかのように。あなたの表情を今、繋ぎ止めている内なる場所は、実は存在しないのです。あなたの自己感覚には、あなたが一度も見られたことも、ミラーリングされたこともない領域があるはずなのです。

無の中に消える恐怖

それまで顔を合わせたことのない人ばかりで、自分がよそ者のように感じる場所で誰かがあなたをミラーリングすると、あなたは恥と恐怖を感じるかもしれません。あなたは何かが足りないと感じるでしょう。虚無感に呑みこまれる恐怖を感じるかもしれません。消えて無となる恐怖を。

あなたが衝動を覚えたこと――隠れたいという衝動を実行に移す代わりに、誰かと不快感を共有するなら、その大きな虚無感は実は完全に無害だとわかります。あなたが夜、暗闇の中で眠っていて、謎の音に怯え、電気をつけると、ただ蝶が窓ガラスにぶつかっていただけで、まったく無害だと判明した時のように。

私は人生の中で、生きたいと思えない時期がありました。実際のところ、死ねたら楽になれると思っていました。それは誰にも言えないことだと感じていました。言ってしまったら驚かれ、自分は無と化すのだろう、と。

ですが、私は気持ちを上向きにしたくて、体が恐怖で満たされる中、自己啓発のグループでそのことを思い切って口に出して言ってみました。グループのリーダーは、私が想像していたほどショックを受けているようにはまったく見えませんでした。「つまりあなたは死を解放と捉えているのですね」とリーダーは言いました。

私はびっくりしてしまいました。私は無と化す代わりに、死を友人と見なすことができる人になったのです。そして自分自身をグループのリーダーの視点でミラーリングしてみるのは、悪くないことでした。それ以来、自分を以前ほど、不完全な人間と思わなくなりました。

スサンネ、四十二歳

その体験以来、スサンネの心に開いた穴の一つに底が見えるようになり、以前ほど、恐ろしくなくなりました。逆に、死についての彼女の考えが、実は、変化したい、もっと生きたいという深い願いだったことに気が付いたのです。今、彼女は第一歩を踏み出したのです。

恥の感情と向き合う時、問題の最初と最後に注目するべきです。私たちが恐れている自分の一面に近づいても、私たちが自分たちの自己感覚の内なる穴に吸いこまれることはないと気付くためには、共感的な目から放たれる光が必要なのです。

自己感覚に開いた深刻な穴

私たちの自己理解には、大なり小なり穴が開いているものです。それらの穴が多く、大きくなればなるほど、他者と自発的に接したり、リラックスしたり、生き生きとしたりすることが難しくなります。

この図の白い部分は、ソフィーの自己感覚の穴を表現したものです。彼女の意識が穴の外に向いている時には、足下に揺るがない地盤があることで安心感を得られます。たとえば彼女が一人でいて趣味に没頭している時や、親友と一緒にいて好きなことについて話し

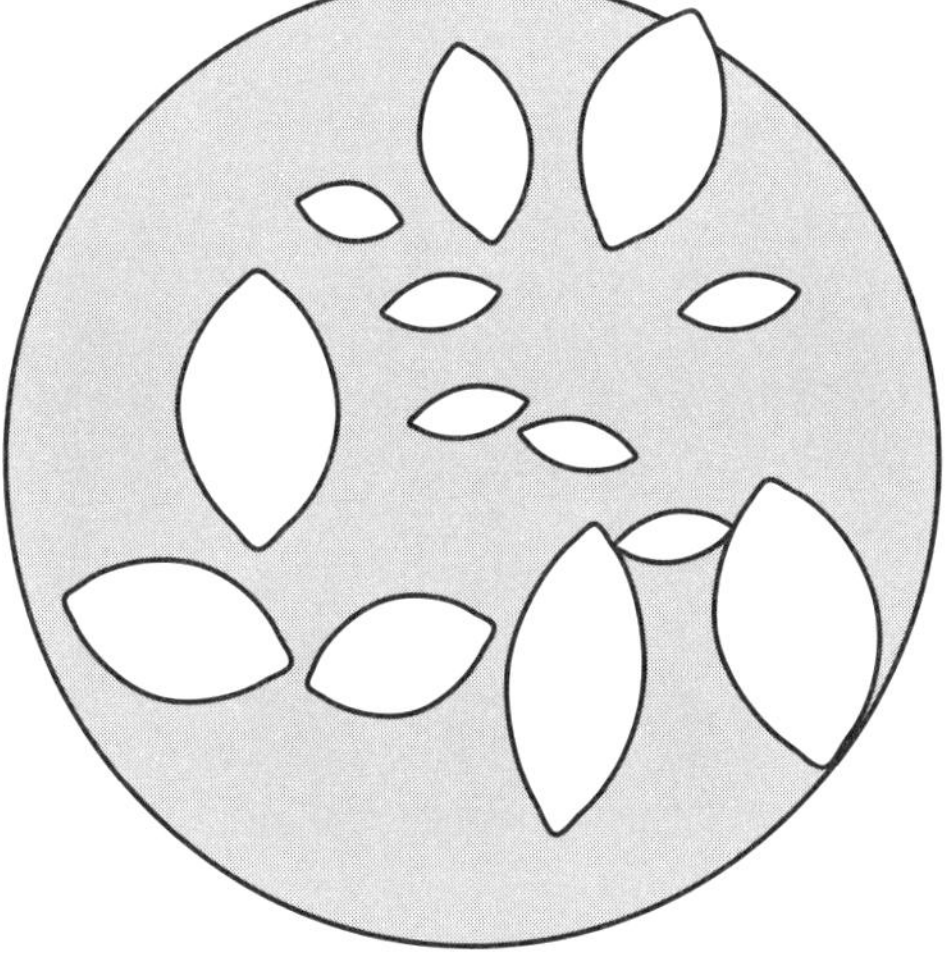

ている時です。

ソフィーの両親は、彼女に波長を合わせ、愛情深い注目と健全なミラーリングを与えることがあまりできませんでした。そのためソフィーの自己理解にはたくさんの穴が開いてしまっていたのです。基本的に彼女は自分は間違っているという感覚を持っていて、ちょっとしたことで恥を覚えてしまいます。

金曜日、皆とバーに行っても、なかなかリラックスできません。私は家に帰ると、自分のバーでの発言を振り返り、恥ずかしく思ったり、他の人にどう思われているかぐるぐる考えてしまい、恥ずかしく不快になりました。残念ながら、私は想像力が豊か過ぎるようです。ですが、ポジティブな想像は滅多にしません。

ソフィー、二十二歳

大きな不安を抱くことで、心に掛かる負荷は大きく、あなたの自発性や生活の質を低下させてしまいます。

次にイリーネの例を見てみましょう。
彼女は次のように話します。

私は何にでも秀でていなくてはなりません。そうでなければ、自分自身を好きになれないのです。

イリーネ、三十二歳

イリーネは子どもの頃に、何かに極めて秀でていると、よい反応やポジティブなミラーリングをしてもらえたのではないかと思われます。彼女が自分自身の別の側面を見せても、彼女と関わり、支えてくれる人がいなかったのでしょう。

確固たる地盤がない

イリーネは時々、綱渡りしているような気分になります。彼女には避けなくてはならない穴がいくつもあり、足下に確固たる地盤がなく、人付き合いにも緊張を伴います。人付き合いにどうしてすぐに疲れてしまうのか、彼女自身、わかっていないのかもしれません。彼女があえて穴を避け、他者との活発な交流の場で、普通に振る舞うことのできる分野があまりないのは仕方がないことなのです。

あなたがイリーネと同じように、自己感覚に多くの穴が開いているなら、ちょっとしたことですぐに恥や混乱を感じることでしょう。つまり穴を修復しはじめるべき時が来たということです。なぜなら穴があなたの自意識で満たされる度に、遊び心を持ち、自発的でいる心の自由が育まれるのです。この本の第二部で、そういった穴にどうしたら向き合えるのか知ることができます。

エクササイズ

あなたがこれまで恥や困惑を感じたことのある状況を思い浮かべてみましょう。あなた自身の模型を作ってみましょう。白い穴を描き、たとえば、ミスをした時や何かに熱中した時など、心のサポートが足りないのがどこだと思うのかを描きましょう。

第三章のまとめ

恥はあなたの自己感覚の穴への反応である場合も

あなたが誰にも愛情深く見守られてこなかったがために、あなたの知らないあなたの一面が求められる状況では、あなたは確実にぎこちなく、不安になります。

しかし、よいミラーリングを得られたあなたの一面が求められる場合は、そうはなりません。あなたは足下に確固たる地盤を感じられることでしょう。

するとあなたの自己理解にいくつも穴が開いていたとしても、その穴を避け、他者との活発な交流の場で、普通に振る舞うことができるでしょう。

第四章

恥があなたを
踏み留まらせる

恥に襲われるのではないかという恐怖で、あなたはやりたいことを踏み留まり、代わりに、他の人の期待に沿った行動をとるようになるかもしれません。他の人たちからどう言われるだろうかと恐れるあまり、自分自身にとってよいことができなかった経験がきっとあるでしょう。

私の夫はとても社交的で、毎週出掛けるか、家に誰かを呼ぶかをしたがります。私は何もしない週末が大好きです。ただ人付き合いを断れないだけです。私のとても社交的な友人からこう言われます。「あなた、病気なの?」。私はヘンだと思われるのがとても嫌いです。

ソーニャ、三十八歳

恥の感情を燃え上がらせる視線や言葉を恐れるがあまり、時にあなたは自分自身の一面を抑え付けてしまうかもしれません。あなたが慢性的な恥を感じていればいるほど、誰かから蔑みの視線を向けられた時の反応はより強くなるでしょう。私たちは他の人からの審判を恐れて、自分が一番やりたいことをやらずにいることで、自由な人生を生きるチャンスをしばしば逃してしまいます。

> 私は特定の分野には、とても自信があります。自分が有能だということを知っていますし、技術的な問題を解決しなくてはならない時、大いに能力を発揮できます。ですが食堂に昼食を食べに行く時には、私は無口になります。皆の話題に意見がないからではありません。何度か話をしようとして、踏み留まったのです。私は自分の意見が恥ずかしく、私以外の皆から恥ずかしい人だと思われるのが怖いのです。
>
> カスパー、四十四歳

意見を言うのには、勇気がいります。他の人からの助けを得られないのであれば、自分で自分を上手く支えねばなりません。たとえ他の人が皆あなたの敵であっても、自分を支え、自分の味方になる能力というのは、他の人から支えてもらった経験の中で身に付けていきます。あなたの両親がそれに気付かず、あなたをサポートしてこられなかったのであれば、あなたは精神的サポートを欠いてしまっているので、それを築き上げることからはじめる必要があるでしょう。

難しい会話

会話というのは、基本的には単純なものです。一人が発言し、もう一人がそれを受け止め、こんな風に反応します。「あなたからそう言われると、私は～と感じます」、または「あなたがそんな風に思うなら、私は～と考えます」。前者は相手の反応を見て答えます。難しいことは何もありません。それは遊び心に満ちた、流れるような、単純なやりとりになりえます。

深く、親密な会話をするには、両者が自分自身と向き合う必要があります。そのような会話が難しかった経験があるのなら、恐らくそれには恥が関係しています。あなたやあなたの話し相手が、話し合うのを恐れる何かがあるのかもしれません。話し合うメンバーのうち少なくとも一人が精神的サポートに穴が開いていると感じたり、恥を感じる場所に近づいたりすると、コミュニケーションはたちまち硬直化し、何もかもがぎこちなくなり、すべて間違っていると感じてしまうことでしょう。

あなたは特定の分野の能力が欠けているのを恥じて、それを避けようとするでしょう。もしくはあなたには、誰かに知られたくない感情があるのかもしれません。

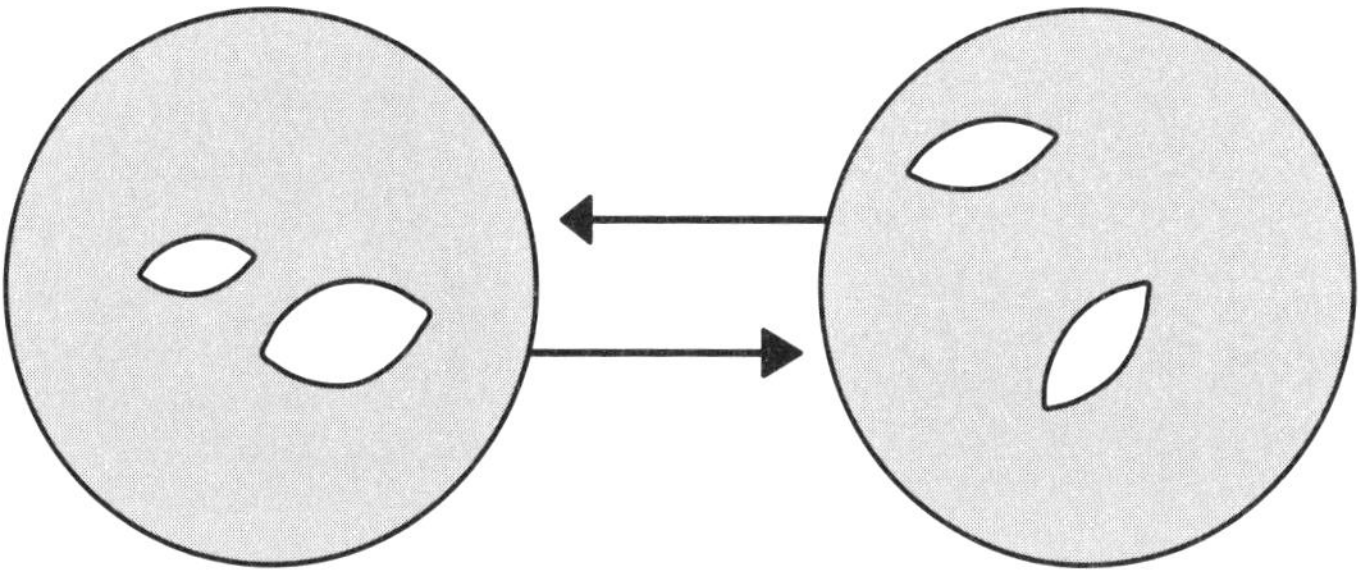

ごく親しい同僚からどう思われているかは、私にとっては非常に重要です。同僚から無視されたと感じると、喉元に何かがつかえるような感じがします。そのことに私は困惑してしまいます。そこで私はトイレに行き、笑顔で戻る準備ができるまで、心を静めようとします。

マリー、三十二歳

上はそれぞれ何かを恥じている二名の人物についての図です。それが何か二人ともある程度は知っているのですが、その話題を避けて会話を進められると、二人はリラックスでき、言葉が自然と出てきます。

慢性的な恥を多く抱えていると、事態はさらに困難になります。恥はあなたの思考や感情が自由に流れ、表現され、他人の目に触れるのを食い止めます。

アリーナは自己感覚に深刻な穴が開いていると感じています。彼女は家族からあまりサポートを受けてこなかったために、他の人と一緒にいると、恥ずかしいと思ったり、自分は間違っていると感じたり何度もしてきました。

彼女は自分がどういう時に恥を感じるのかをよく知っていました。たとえば髪が脂っぽい時や、ミスしてしまった時や、赤面してしまった時など。さらに彼女の自己感覚には、彼女の知らない穴が開いていました。根底に巣くう「自分は間違っているのではないか」という感情や、「自分には愛される価値があるのか」という不安を時々、覚えました。なので、赤面してしまうか、間違った返答をしかねない話題になることの他にも、彼女は自分の知らない話題や、「無に陥る」ような感情や、「ばらばらにされる」ような感情も恐れていました。彼女はまた何と言ったらいいかわからない状況も恐れていました。

アリーナはコミュニケーションをとる時に、否定されたり、誤解されたりするのを恐れるあまり、自発的に発言せず、我慢してしまう傾向がありました。彼女は足元がおぼつかなくなり、表情をコントロールできなくなるのを恐れているのです。

彼女は自分が間違っているところをすべて意識から追い出し、効果的に抑圧できると、

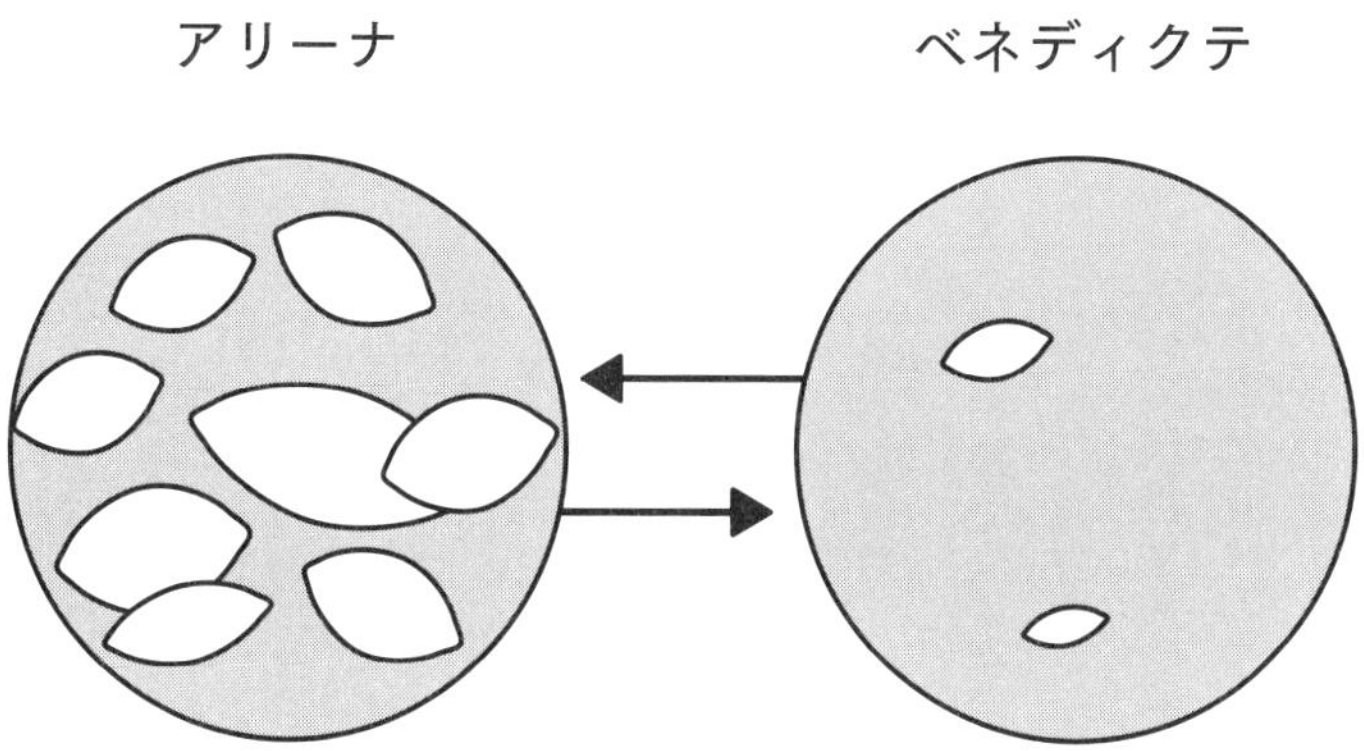

非常に饒舌になりますが、彼女の言葉には感情的な深みが欠けていて、聞く人を退屈させました。

アリーナは敏感で、押しの弱いタイプです。彼女は慢性的な恥を強く感じると、緊張し、抑圧された様子になります。彼女は何を言ったらいいかわからず、しばしば黙りこんでしまいます。

ベネディクテはアリーナの同僚です。二人の会話を図式化すると上のようになります。

ベネディクテはアリーナにもう少しリラックスしてほしいと感じています。ですがアリーナは彼女が精神的サポートを得られる範囲を超えてしまうのを過度に恐れています。恥の境界線を踏み越えることで、恥の反応が示されるのです。

アリーナは孤独な人生を送っています。一人でいる時はリラックスできるのですが、人恋しくなります。誰かといる時は緊張し、再び一人になるのを心待ちにしてしまいます。一人でいる時、彼女は自分自身のことをより感じられ、リラックスできるのです。彼女は個人的な自己開発の作業に取り組む必要があります。その目標は目指すだけの価値があります。恥の道を切り開くにつれ、彼女の心は自由になり、他の人といてもリラックスし、自分らしくいられるのですから。

エクササイズ

あなたが自由に話す妨げとなっているのが何か考えましょう。

他の人に気付かれたくないことは何ですか？

会話の途中でフリーズしてしまった経験はありますか？

他の人たちからのネガティブな評価を恐れるあまり、自分にとってよいと感じられることをするのを避けた経験はありますか？

第四章のまとめ

恥はあなたを踏み留まらせる

他人からの評価を恐れることで、私たちは心の奥ではやりたいと思っていることを踏み留まり、他人の目から正しく見えることをすることばかりに気を取られてしまいます。

恥を恐れるあまり、勇気を出して一歩踏み出すのを躊躇したり、周りから注目を浴びないよう内にこもったりする危険があるのです。

あなたが精神的サポートを得られず、まだ自分もよく知らない一面が求められるような状況で、あなたは気詰まりになったり、ナーバスになったりするでしょう。

恥は自由な会話の流れを妨げ、川が突然凍り付くように、会話を硬直させることもあります。

第五章

恥からの自己防衛としての偽りの自分

英国の小児科医で精神分析家のドナルド・ウィニコットは、本当の自分と偽りの自分をこう区別しています。本当の自分は、親が子どもを多様な感情や表情で見つめ、ミラーリングする時に現れるものです。子どもは親からの返答を通し、本当の自分を知り、安定した自己感覚を育んでいきます。両親から愛情を込めてミラーリングされれば、その子は自分自身を愛される存在と認識できるようになるでしょう。

親が子どもの波長に合わせられないと、その子は自分自身を発見する助けをまったく得られなくなります。その子は安定した自己感覚を育むのに必要なミラーリングや調和を経験できません。最悪の場合、自分が何者かわからなくなってしまいます。

親から欲求を満たしてもらえなかった子どもは、親を拒む代わりに、自分の欲求を拒んでしまいます。子どもは心の奥底でいかに自分を見てほしいと望んでいるか、愛に飢えているかを周りの人から見透かされたり、自分自身がそれを垣間見たりすると、恥じらいを覚えます。

本当の自分を愛情深く受け入れられてこなかった子どもは、親の助けを必要としない自分の虚像を作り上げようとします。そういう子は精神的に自立しようとし、親の期待に応えるため、何かしらの面でさらに秀でなくては、と必死になります。私は別の誰かになろうとしたことがありました。十八歳の頃、他者に依存しない人間であることにアイデンティティと誇りを感じていました。同時に自分から進んで他者に依存する道を選び、屈辱的な妥協に甘んじる人たちにある種の嫌悪感を抱いていました。欲求のない超人になることで、あらゆる自分の恥に分厚いブランケットを掛け、拒絶されるリスクを避けたのです。受け入れられていない相手に手を差し出すのは、精神的なサポートをまったく得られない中、感情の嵐の中に自らを置き去りにするようなものです。私の家族の場合、悲しいことがあっても、何ともないふりをするのが常でした。そういう時、偽りの私が現れ、私を守ってくれたのです。人生の一時期、順風満帆で、他の人と違って自分は強くて、誰とも緊密な心の繋がりを持たなくても、気丈にやっていける自信を持っていました。

あなたには自分がどうありたいか、または愛されるためにどうあるべきか理想があるのかもしれません。またその理想があまりにも鮮明で、印象深く、実際に自分はそういう人間なのだと思っているのかもしれません。

誰にでも見えない面があり、偽りの自分が本当の自分の代わりに顔を出し、動き出すことがあるのです。私たちが親から見てもらえ、親と感情的な調和がとれればとれるほど、本当の自分はより強くなり、他者と親密な関係を築くのが上手くなるでしょう。

中には本当の自分にあまり触れなくても、問題なくやっている人もいるようです。たとえば陽気そうで、とても生き生きしていて、饒舌な人などがそうです。ですが、その人の喜びが周囲の人に伝染することはありませんし、その人とアイコンタクトをとったり、感情的な繋がりを感じたりするのは難しいでしょう。

成功体験は偽りの自分を強くしてくれる

あなたが親から与えられてきたものが極端に少ないのならば、放ったらかしにされたことで感じた痛みと恥は、本当のあなたと切っても切り離せません。偽りのあなたは、自分のことを強くて、傷つきにくく、自立していると捉えていることでしょう。そして成功体験は、恥と、放ったらかしにされていたことで感じた痛みを一時的に和らげてくれるのです。

Facebook に自分と家族が幸せそうにしている写真をアップすると、心が落ち着きます。「いいね！」や好意的なコメントがたくさんつくると、自分がいかに愛されていないかをすっかり忘れられるのです。

カミッラ、三十二歳

私は話の種になるような成功体験をするのが大好きです。そういう体験をする時、私は自分が強くて魅力的になったように感じ、私がしょっちゅう大きな葛藤を抱いていることを他の人に決して気付かれないと確信できるからです。

イェンス、二十八歳

他の人の様々な問題で一杯一杯になってしまっている時、あなたは人生で気まずく思った出来事を忘れてしまうのです。

恥の感情がかすむほど大きな成功を追い求めることで、自分は間違っているという感情を忘れようとするでしょう。

私は自分は有能で、他人よりできるだけ上手でありたいという欲求を持っていると自覚していました。誰かと自分を比較して、相手の方が秀でていると思えば、嫌な気分になります。相手に負けないように休憩をとらずに皆より努力したりします。

シーネ、三十五歳

他の人よりも少しでも長けていたいと思うことで、ストレスを感じやすくなります。中には体を酷使し過ぎて、健康が脅かされる人もいるでしょう。偽りの自分を肥らせ、増幅させても、真の親密さを得られません。どんなに努力し続けても、完全に満足することは決してないでしょう。

あなたはまた目標を立てたり、将来の出来事をただただ楽しみにしたりして、「あそこにたどり着けば、本当の人生を生きられる」と思ったことがあるかもしれません。ですが、いざ目標を達成すると、虚無感と欠乏感を覚え、すぐに新たな目標やさらなる未来のターニングポイントばかりを気に掛けるようになるのです。

私は常に闘わなくてはならないと感じています。生死がかかっているかのように。目標は達成しなくてはならないものであり、それを達成するのに早過ぎることはないと。立ち止まるか、一、二歩後退することで、自分には人生の困難に立ち向かう能力があるという信念を失いやしないか、またちょっとしたことで気分が左右されてしまわないかと怖くなるのです。

ヘンリック、三十八歳

置いていかれる痛みの波が迫ってきていると感じ、ためらい、最終的にそのためらいに呑みこまれてしまうことが、ヘンリックのストレスになっているのでしょう。彼がわかっていないのは、かつて彼が逃れた「置いていかれる」という感情とともに生きることを学ばない限りは、自分らしくい続け、繊細な心を持ち、他の人に寄り添いオープンでいる能力を取り戻すことはできないということです。

素晴らしい、傷つかない、偽りの自分

二十代の頃に見た夢を今でも覚えています。それは素敵な城の夢でした。その城の中に入って見上げると、とんでもなく美しい黄金の装飾が施されたアーチ形の天井が次々と現れました。黄金の中で光が反射するのを見て、高揚感と喜びを覚えました。ふと視線を落

とすと、喜びが消えていました。私は砂の上に裸足で立っていました。城は地面から十センチほど浮かび、風が砂と私の足の上で吹きすさんでいました。城を支える土台はまったくありませんでした。

家について夢を見るのは、自分自身について心配事がある場合が多いようです。そのような夢を見ると、不安をかき立てられます。子どもの頃から、自分のどこが他人から好かれるのか推測することばかりに心を砕き、他人から好かれるところだけを見せようとしてきました。私は初対面で友達になりたいと思った人に、あれこれと話を振り、その人たちを褒め、あの手この手で喜ばせようとしました。新しい友達を作る成功率がこんなに低い理由を、私自身、わかっていませんでした。

振り返ってみると、夢の中の城とまったく同じで、自分には土台となるものが欠けていることに気が付きました。私は自分が何者で、何をしたいのか感じられませんでした。誰かに好きになってもらうには何が必要なのかを考えてばかりで、自分自身がどうしたいのか口に出せませんでした。他者との関わりに自分の感情を持ちこまない限り、心の繋がりは生まれないのです。

あらゆる欲求を持った本当の自分の代わりに偽りの自分が顔を出すことで、まるで自分が強くなったように思えるかもしれませんが、それでは他者と波長を合わせるのは難しくなります。

愛を求めることを恥じる

私たちは生まれた時から、他人と結びつく能力を備えています。私たちは生来、人との交流を求めて手を差し出すようにできています。鳥が巣の作り方を本能的に知っているのと同じように、生まれたばかりの子どもも、他の人と愛情で結ばれる術を知っています。もしも、視線が注がれ、受け入れられていると感じる愛情に満ちた関係をくれる人が周りにいなければ、子どもの愛情を求める気持ちは恥と結びついてしまうことでしょう。

あなたが愛を求めても精神的なサポートを受けられなかったのであれば、あなたは愛情に満ちた瞳を恐れるようになるでしょう。温かく、慈愛に満ちた瞳で見つめられると、すぐに目を伏せたり、そらしたりしてしまうのです。慈愛に満ちた視線により、本当のあなた自身が激しく呼び起こされ、心をかき乱されるでしょう。そして本当のあなた自身が表れ出すと、それを抑えていた置いていかれるという痛みが目覚めるでしょう。あなたは愛情深い瞳をした人と一緒にいると、不安になって、もしくは不快になって、その人と距離を置こうとするでしょう。

私は他の人の役に立つのが大好きで、自分がしてあげたことで他の人が喜ぶと、有頂天になりました。自分は特に何も求めていないのだと思っていました――ある日、次のように気が付くまでは。

私に新しい上司ができました。上司は時々私を思いやりに満ちた瞳で見つめました。私はコントロールできない何かが起きているかのような、とても奇妙な気持ちになりました。私は彼の視線を避け、できるだけ距離をとりました。ですが家にいる時も、彼の思いやりに満ちた瞳が頭に浮かび、私の心に危うい感情が芽生えたのです。彼に手を差し出したい気持ちに気付いた時には、恥ずかしさのあまりフリーズしてしまいました。

私は同僚たちからの陰口を恐れました。世界の終焉が迫ってきているかのように感じました。上司の前の席に座った途端、私は業務の問題点について、綿密に用意してあった言葉をまくし立てるように話しはじめました。「ちょっと待って」と彼は言うと、じっと私を見つめました。数秒の間、私の心の中で激しいせめぎ合いが起きました。すると彼は考えうる最悪の質問をしました。「君自身は元気なのかい?」。すると私が最も恐れていたことが起きました。彼に元気だと伝えていると、顔が震えはじめ、瞳に涙が溜まり、恥で溺れそうになりました。「大丈夫、いいんだよ」と彼は言いました。「そのまま泣いていなさい。皆、時には泣くことも必要なんだよ」

その後の会話はあまり覚えていません。ところが次第に、気持ちが落ち着いてきました。上司の目を見るのを以前ほど、怖いと思わなくなりました。上司に最低なところを見られたのだから、これ以上、失うものはないように思えたのです。なぜあんなにも恥と恐怖を感じたのか、後になって不思議に思えてきました。常に元気じゃなくてもいい、皆、泣く必要があるのだと言われ、すっかり心が晴れました。そう言われるまで、私はそれを絶対にしてはならないことと捉えていたのです。

リッケ、三十九歳

リッケは自分のことを、自制心があり、精神的に自立していて他人に頼らない人間だと考えていました。ところが上司の思いやりに満ちた瞳により、本当の自分が不意に引き出され、気まずく、不安な気持ちになりました。彼女は精神的に葛藤し、心のバランスを崩してしまいました。対立の向こうには、本当の彼女自身の姿がありました。本当の彼女自身は、上司からの思いやりに満ちた瞳を求めていて、注目されることで、本当の自分こそが現実の自分であり、存在しているのだと感じられるような体験をしたいと望んでいたのです。他方で、偽りの自分が、彼女が生き残る上で抑えこむ必要のあった「置いていかれる」という感情を彼女が感じないよう守っていたのです。愛に恵まれていなかった家庭で生き残れる別の自分になるために、自己を置き去りにすることで、自分がいかに孤独なのかを意識しないようにしたのです。

リッケは心の奥深くで、慈愛に満ちた瞳からの誘いを感じましたが、恐怖で体がこわばり、隠れようとしました。上司の目を見るのが必要な状況にあると気付けたのは、幸運でした。リッケ自身が恥じていて、受け入れることができなかった一面を上司が受け入れ、親切心を示してくれたのは幸いでした。

偽りの自分は親密さに耐えられない

他者が近づいてくることで、偽りの自分を認識したくないという隠れた真意が暴かれそうになることがあります。

私は若い頃、自分に興味のない冷たい男性にばかり恋してきました。自分たちがこの上なく幸福な恋人だと交際相手を納得させさえすれば、最高の恋人になれると想像していたのです。でも事はそう上手く運びませんでした。

自分に関心を寄せてくれる温かな男性に出会った時、私は気分が悪くなりそうでした。

ストレスを感じ、かすかな嫌悪を覚える彼の別の面に——間抜けな言動や、垢抜けない見た目に——すぐに注意を向けました。

イリーネ、四十二歳

感情のコントロールに大きな問題を抱え、母親として娘と接する余力を持たない冷たい母親の元でイリーネは育ちました。イリーネは他者と温かな心の触れ合いを必要としない代わりに、成功を求めて懸命に奮闘する偽りの自分を育ててきました。

温かで愛情深い男性が彼女と親密になろうと近づいてくると、本当の彼女、つまりあらゆるニーズを持った真の彼女が顔を出すのでした。

何度もデートに失敗し、短い交際を繰り返してきた私は、愛情深い男性と出会ったら、もう逃げ出さないと決めました。ところが付き合おうとすると、または付き合うとすぐに、いつも気分が悪くなるのでした。相手とようやく親密になれても、しばらくすると夜中に目を醒まし、氷のように体が冷たくなり、「置いていかれる」という感情の中でのたうち回っているように感じたのです。

イリーネ、四十二歳

イリーネは初め、そのような関係性はどこか間違っているのではないかと考えました。「どうして私は嫌な気分にさせられる人と一緒にいなくてはならないのだろう?」と彼女は自問自答しました。問題は、「置いていかれる」という感情に縛られていた真の自分が、その愛情深い男性といると、顔を出してしまうことでした。

「深く、純粋で、愛情に満ちた感情を持った誰かが近づいてくると、私たちの中で最悪な感情が湧き上がる」と私の恩師で、ゲシュタルト分析研究所所長のニルス・ホフマイアー心理学博士が言っていました。その男性を駄目な男と見なすことで、イリーネの心は晴れるのかもしれません。「置いていかれる」という感情を含めた様々な体験と真の自分の両方を受け入れ、生きるのは、悲しい解決策です。それは私たちがこの先の人生で、ありのままの自分でいるための唯一の道なのです。

親密さからの防御としての怒りと嫌悪

親密さを脅威に感じた場合、怒りや嫌悪は、他人や自分自身の愛の希求から少し距離を置くための適切な手段として用いられます。それはまるで怒りに駆られて走り出した傷ついた子どもが、「僕は行くよ! 二度と僕に会えるものか」と叫びながら、内心では受け入れられて、見てもらいたいと望むようなものです。

ケルの両親は、彼の合図を理解できなかったばかりか、彼がどんな人物なのかも見抜くことはできませんでした。彼は比喩的な意味で、我が道を行くことを許され、誰にも探されず、心に土足で踏み入れられずに、内にこもってよいとされました。やがて彼は心の奥深くにいた彼自身との接点をも失ってしまいました。

妻は時々、愛情に満ちた目で私を見つめ、そばに来るよう促してくることがありました。なぜかその状況は、私にとって気詰まりなものでした。初めは彼女が意図を隠したり、不正直であったりするから、気詰まりに感じるのだと思っていました。ですが彼女のことをよく知るようになった今では、彼女が正直で、私の最善を望んでくれていたのだとわかるようになりました。

それでも尚、私はあのような目で見られると、不安になってしまうのです。自分が弱くなったように感じました。一度買い物を忘れただけで、まるで私がいつも他のことを忘れ、自分のことばかり考えているかのように誇張し、間違っていると思いこませようとするのでした。後で、どうして自分が不快に思ったのかわかりました。私は哀れまれていると感じたからです。

ケル、五十五歳

理解できない行動の根底に恥が存在することがあります。ケルは自分がなぜ妻に攻撃的になってしまうのか、その理由に気付いていませんでした。何年もの間、彼が感じてきた胸の痛むような「置いていかれる」という感情によって、愛情を求める思いが目覚めることを恐れているためです。彼が心の奥底でいかに愛情に飢えているのかを妻に知られたら、深い恥を覚えていたことでしょう。

彼女が近づき過ぎると、彼の心に怒りと嫌悪が芽生えます。しかし、それが彼を救うのです。そうして彼は彼女と彼自身の内なる感情から距離を置き、不快感が平穏に変わるのです。そのようにして得られた心の平穏に対し払う代償の大きさが、彼自身、わかっていなかったのです。彼が愛情への飢えを処理できず、真の親密さを受け入れられなくなることで、彼女と距離をとる必要があったことを彼は知りません。真の親密さは、両者があえて自分自身のことを感じようとする時にのみ、生まれうるのです。

お伽の国から出て行け

ハンス・クリスチャン・アンデルセンの童話、『みにくいアヒルの子』は、間違ってアヒル小屋に放りこまれ、見た目が違うためいじめられていた白鳥の子の話です。灰色のその鳥が、多くの困難を乗り越え、美しい白鳥に変身し、他の白鳥たちから歓迎されるところで物語は幕を閉じます。

あなたが人生に満足していないのであれば、アヒルの家禽場にいた醜い白鳥の子に自己投影したくなるでしょう。あなたは周りの人たちにある種、侮蔑の目を向けることでしょう。まるで彼らが最後にはあなたの仲間としては価値がなくなるアヒルであるかのように。そしてあなたは密かに友人を一時的な解決策と考えます。他の白鳥たちがあなたに気付き、時に冷遇されるか、無視されるかする屈辱的な人生から救い出してもらえるよう、完璧で素晴らしい存在になれるよう、苦闘することでしょう。これは失望とは無縁な幸せな人生を永遠に生きられるようになるという、意識的または無意識的な夢なのかもしれません。

ですが夢の世界で生きる代償は、あまりに大き過ぎます。その代償を、ハンス・クリスチャン・アンデルセン自身が払ったと言えるかもしれません。世に知られている限りでは、アンデルセンは生涯、誰とも親密な関係を築けませんでした。他者と親密になるには、あえて平凡な人間――傷つきやすく、愛を求める人間――になることが必要なのです。そしてあなたはあらゆる自分の感情にあえて触れなくてはなりません。その感情には、かつて逃れた「置いていかれる」という感情も含まれます。

あなたが不幸せで、そのため苦難に上手く対処できない時、想像の世界に逃げこみたくなるでしょう。いつかすべてが上手くいくだろうと空想することで、いくばくかの慰めになります。「我慢、我慢。じきによくなる」と常にささやくかのように。

我慢というのは、しばしば自分の感情を遠ざけ、体の外に追い出すことを意味します。混乱した心と距離を置くことは、様々な状況で非常に大切です。たとえば離婚の最中だったり、仕事に集中したい時や、恐れていることにどうにかして向き合わなくてはならない時など。我慢するのが常態化すると、いつか困難のない人生が訪れるであろうと空想して生きるようになります。これは好ましい状況ではありません。いつかもっといい家で暮らせるだろうとか、試験に受かるだろうとか、天職が見付かるだろうとか。苦難のない人生などは存在しません。ですが、あなたが押し殺してきた感情を再燃させる勇気を出せるのであれば、より自分らしくいることができ、苦難に対処する能力を高められるでしょう。

それはまるで、対岸の愛しい男性と会いたければ、痛みという大河を越えなくてはならないかのようでした。

イリーネ、四十二歳

他者を必要とし、時に失敗するただの普通の人間になる時にだけ、私たちは深く温かな人間関係を築けます。超人になろうとすると、孤独になるものなのです。

あなたらしさというホームに帰る

夢の世界から抜け出すのは、山道を下るようなものです。完璧であることや素晴らしいことを手放さなくてはなりません。喪失感を覚える人もいるでしょう。自分のことは棚上げて、最も親しい人たちの過ちにばかり注目してきたことが、不幸の原因だと認めなくてはならないのは不快なことです。虚無感の真の原因は、自身の今の感情すべてに寄り添う勇気を持てないことなのです。自分を高尚で特別な存在と見なすのをやめて、自分の凡庸さを認めることで、初めは喪失感を覚えるかもしれません。私もそうでしたが、次第に充実感に満たされます。目がくらむような素晴らしい空想から、失敗や困難のない人生への道のりは短くありません。喜びを見出すのは実は幸福への唯一の道なのです。

自分自身についての真実を見つめるため、山道を下るのなら、自分を愛することを忘れずに進みましょう。あなたは困難な状況から抜け出すためのクリエイティブな解決策として、かつて固執していた不運なパターンに陥っているだけなのかもしれません。これは心のバランスを保つために用いていた戦略です。あなたは、とうの昔にそのパターンから抜け出せていたらどれほどよかっただろうと感じるかもしれません。過去の悲しみを乗り越えることで、何歳《いくつ》になっても、他者と愛で結ばれる可能性が無限に広がっていることに気付くでしょう。失敗だと思っていた経験も、実際には、あなたの意識が高まっている証なのです。

エクササイズ

これまでに愛情深い目から逃げてきたことがあるか考えてみましょう。

あなたは自分が愛への欲求を感じ、表現してもよいと考えていますか？　それとも、自分で自分の心を満たせないことを、少し恥ずかしいと感じることが時々ありますか？

第五章のまとめ

恥からの防衛手段としての偽りの自分

恥を和らげるために、あえて自分をさらす勇気を持つ必要があります。私たちのニーズや不安、怒り、その他の感情に立ち向かう勇気にすべてがかかっています。問題は、私たちが恥を感じている時に自己開示するのを、私たちが一番恐れているということです。その恐れが、恥を克服してより一層の自由を得ようとする際に、自分にストップをかけるのです。

他の人よりも優秀であろうとするのは、自分に問題があると感じることで味わう痛みを和らげようとするためであることが多いのです。平凡で傷つきやすいありのままの自分でいる勇気を持ち、愛情深い視線を受け入れることで、私たちは恥を克服できるのです。

第二部

メソッド

大半の精神的困難と同じように、恥から立ち直り、自己感覚の穴を修復する普遍的な解決策は愛です。自分のことを見てもらえている、好かれていると感じることは、ありのままの自分でいていいのだと感じられる至福の経験です。この本がここで終わらないのは、人生では、愛情深い瞳がただ注がれ、癒やしの力をただ享受するといったことは起こらないからです。もしそうできたなら、とうの昔にそうしていたことでしょう。

問題は、あなたが恥を感じた時に、他人を遠ざけ、あなたがまさに必要としている愛情深い瞳から身を隠そうとしてしまうことです。愛がないことが問題ではないのです。問題は、私たちの恥や傷つきやすさが、他人の目にさらされ、暴かれることを避けようとして、自分の身を守るために私たちがとるあらゆる行動なのです。多くの人は本当の自分を見せることなく——自分自身もそのことに気付くことなく、一生を終えるのかもしれません。

負の連鎖は断ち切るべき

恥を感じることで、あなたは身を隠そうとします。すると誰かから愛情深い瞳で見つめられることがなくなってしまいます。あなたは孤独になるリスクを負い、それにより今感じている恥を増幅させてしまう可能性があります。あなたは恥じていることをも恥じているのでしょう。行き詰まった状況から抜け出すのは、不可能に思えるかもしれません。

第二部のエクササイズをはじめることは、そのような状況の打開に繋がります。エクササイズの中には、自己愛と勇気を育む上で役立つものもあります。また他にもあなたの恥を維持するパターンを断ち切る助けとなるエクササイズもあるでしょう。少しずつ光を取り入れることで、進むべき道が見えやすくなるかもしれません。

第六章

あなた自身のことをもっとよく知ろう

私たちの自己感覚には、大小の穴があるものです。誰も自分自身のあらゆる側面に対して、敏感で真摯なミラーリングを受けたわけではありません。あなた自身をよりよく理解しようとすることで、自己感覚のいくつかの穴を埋めていけるでしょう。そのようなことに関心を持ち、子ども時代に行われなかったミラーリングを見付けはじめるのに、遅すぎることはありません。

他人の目に自分がどう映っているのかをあまり知らないと、厄介な空想が育ちやすくなります。同時に空想が育つことで、世渡りしやすくなり、人付き合いに対する自信も増すでしょう。

あなたが間違ったり、恥をかいたりすることを恐れているのは、他人から自分がどう見られているかに囚われ、他の人が何を考えているのか探ろうとしているからです。問題に直接向き合い、尋ねれば、あれこれ考えこまずに済むでしょう。

「私のことをどう思う？」と誰かに聞いてみてください。難しければ、「そういう課題が出されたんだけれど、手伝ってくれない？」と付け加えてみてください。

相手がポジティブな答えしか返さないこともあるかもしれません。あなたが褒められたいのだと誤解して、そういう返答をしている可能性もあります。そういう時は、正直に答えてほしいと伝えましょう。「私の課題って何だと思う?」と尋ねてもよいでしょう。あまり言うことが思い浮かばないのなら、考える時間を与えて、後で教えてもらうこともできます。

念のため、あなたに好感を持ってくれているとわかっている人にだけ質問してもよいでしょう。ですが真実をあらいざらい知りたいのであれば、勇気を出して、あなたにあまり好感を持っていなさそうな相手に尋ねてみましょう。その人が、より明確なあなたの自己像を知るための鍵を握っているかもしれません。そういう人たちは、友人とは違って、言うことをためらわないはずです。

講師をしている心理学のコースで私は受講者にある課題を出しました。自分のことをどう思うか三人に尋ねたら、班に戻って、何と言われたのか報告するという課題です。とりわけ記憶に残っているのは、ある女性が思い切り顔を赤らめ、目に涙をため、自分についてポジティブな発見をしたと話したことでした。教室が活気に満ちた雰囲気に変わりました。大半の生徒にとってそれは驚くべき体験で、自分が他の人からどう見られているかについて思いもよらない発見をしたようです。

フィードバックのもらい方

返ってきた答えを、言葉通りに受け取らないようにしましょう。私たちには皆、世界を見つめるための独自のフィルターがあります。二人の人が同じ方向を見ていても、見えているものはまったく同じではありません。だからこそ、他の人があなたについて話すことのほとんどは、実はあなたについてよりもその人たち自身のことや、その人が他人をどう捉えているかを多く示しています。ですが、そういう人たちのフィードバックには、よくも悪くも覚えのあることも多いでしょう。中にはあなたが驚くものもあれば、すでに知っていたことを再確認するだけのものもあるでしょう。あなたがたくさんの人に聞けば聞くほど、自分についてより詳細なイメージを掴むことができるでしょう。

フィードバックの中に、あなたが恥ずかしいと感じるものがあれば、それはあなたの自己感覚の穴に近づいていることを意味します。

かつて私も、「小さい」という言葉が私を形容するのに使われる度に、恥とかすかな恐怖さえも覚えてきました。私の頭の中で、「一緒にいるには小さ過ぎる」と歌う声がしたり、母のこんな言葉が蘇ったりしました。「せめてハイヒールを履いて歩けるようにならないと」

ちびで貧弱な自分を受け入れ、好きになるには、相当な努力が必要でした。しかし、そのことについて話す決心がついた時、すぐに気分がよくなりました。他の人からの愛情に満ちた視線を借りることで、私は自分の弱点を見つめることができました。そうして徐々に背が低いことのメリットを認識し、他人に好かれているかどうかはどうでもよいと気付いたのです。

フィードバックには、気分の悪くなるものもあるかもしれません。あなた自身であることへの認識とサポートが足りない部分に、そのフィードバックが言及している場合もあるでしょう。ただし、足りないところがあると知るだけでも、それを正すチャンスは増えます。今のあなたは、そこが思いやりとケアを要する場所だとわかっていますよね。

同時に、あなたにフィードバックをくれた人は、あなたの弱点を教えてくれ、その弱点に愛情深い視線を向けてくれるかもしれません。もしくはより安心感を持てる別の人に打ち明けてもよいでしょう。一人で抱えこむのはやめましょう。「誰にも何も言わずに、隠れておこう」と考えてしまうと、恥を増幅させてしまうことになるのです。

自分の動画を撮りましょう

現代の私たちは、ビデオを使って外から自分自身を見る素晴らしい機会に恵まれています。携帯電話スタンドを用意し、自分から少し離れたところにスタンドを立てて動画を撮ることができます。社会で活動する自分の姿を見ることで、得るものがあるでしょう。家族の誕生パーティーの動画を撮るのが恥ずかしいなら、一人、電話で話す様子を撮影してもよいでしょう。後で動画を観ることで、自分自身を観察し研究するまたとないチャンスを得られます。

友達に手伝ってもらえるのであれば、一緒にいる時に二人の動画を撮ってもよいでしょう。動画を撮影しているのを忘れてしまうほど長時間にわたって撮影することで、普段の自分に近い様子を撮影できるでしょう。後で、動画に映った自分たち二人について議論をし、二人について表す適切な言葉を協力して見付けましょう。

• 二人はどんな風に見えますか？

- 二人は自由にコミュニケーションをとっていますか、それとも控え目ですか？
- 二人は幸せそうですか、怒っているように見えますか、悲しそうに見えますか、それとも怯えているように見えますか？
- 二人は適度にアイコンタクトをとっていますか、それとも一方は目を合わせようとしているのに、もう一方がそらそうとしていませんか？
- ボディ・ランゲージを使ってどんなコミュニケーションをとっていますか？
- 誰が話題を選んでいますか？
- 二人とも、現状に満足しているように見えますか？

以前、自分には問題があると思われているのではないかと恐れている若い男性が、心理セラピーを受けに来たことがありました。その男性はプロジェクト・リーダーとして新しい仕事を任され、部署内でプレゼンテーションをする際、ナーバスになってしまっていました。私が彼に、プレゼンテーションの時、どう見られていると思いますか、と質問したところ、顔を赤らめ、手を震わせる自分は、半ば狂人のように見られているのではないかと答えました。そこで次回は、私の前でプレゼンテーションを行う様子を動画に撮ることになりました。

後で一緒に動画を観た際、彼は驚き、喜びました。彼は震えているようにも赤面しているようにも見えませんでした。それでも彼は動画の中の自分はナーバスそうに見えると言いました。特に印象的だったのは、彼がよく笑い、フレンドリーでありながらも、同時に熱心に見えたことでした。後で彼は私に自分の動画を観たことで、大きな変化が起きたと話してくれました。今では、彼はプレゼンテーションをする時、赤面し、震え、凶人のような自分の姿を想像する代わりに、若くてにこやかな男性を思い浮かべるようになったのです。

自分の動画を撮って、後からそれを観る時には、過度に批判的な見方はしないようにしましょう。自分の子どもや親愛なる友人を見るかのように、あなた自身に愛情深い眼差しを向けましょう。友人と一緒に動画を観るようにし、互いにそれについて適切な言葉を見付ける手助けをしましょう。

あなた自身を内側から体験しよう

あなた自身を体験し、感じる能力を養うことができます。愛情に満ちた、慈悲深い態度で、自分の内側に注意を向けてみましょう。体はどのように感じていますか？　心は何を感じているでしょう？　今この瞬間、一番ほしいものは何ですか？　これらの質問を、鏡に向かってしてみてください。答える時、最初に浮かぶのは、表面的なものばかりかもしれません。「それのどこがすごいの？」と尋ねることで、深層意識に気付けるかもしれません。最初に思い浮かんだのが、ケーキだとしましょう。ケーキを食べることの、何がよいのでしょう？　食べることで心の平穏や喜びがもたらされるところかもしれません。他に同じような体験はありますか？

あなたの許容範囲を超えておらず、深刻な副作用がない限り、自分に尊敬の念を示し、願い通りに行動しましょう。もしもあなたが孤独を感じ、元恋人とよりを戻したいのであれば、そのために闘いましょう。またはマッチング・アプリに登録し、新しい恋人を探しましょう。たとえば亡くなった人に会いたいとか、あと十歳若返りたいなど、心の内に秘めた願いが、実現不可能なものなら、そのことについて悲しむ自分を許しましょう。再び喜びを見出すために、時には深い悲しみに沈みこまなくてはならないこともあるのです。

あなた自身のさらなる深層に触れてみよう

あなた自身と深いレベルで接触を図ることで、恥への耐性を高められます。この時、あなたは特別でも、賢くもなく愚かでもない、美しくもなく醜くもない、ただ生きているだけの人間、ただ息をするだけの生きものでいられるのです。

一人静かに過ごす時間を持つようにしましょう。あなたの心にちょうど今、渦巻いているあらゆる考えの背景にあるものに注意を向けましょう。あなたのあらゆる役割、肩書き、見せかけの姿の裏にいるあなたに。あなたが常にそうであった、これまでの様々な年齢の時に、あなたの目にあなたがどう映っていたかにも注目してみましょう。変化せず、平穏なあなたにも注目してみましょう。

水面《みなも》は揺れ、波打ち、泡立っているけれど、水底《みなそこ》は穏やかな海を思い浮かべてみましょう。たとえ外が嵐でも。水面のさざ波は、あなたの思考です。それらの思考にあまりに同調してしまうと、思考が長続きさせず、アイデンティティが揺らいでしまう危険性があります。

私の人生に嵐が吹く時、よいことまたは嫌なことに心が乱されそうな時、自分は深いところから水面のさざ波を見上げているのだと想像することで、心が落ち着くことがあります。海の深層は、風や天候の影響をあまり受けません。たとえば今自分が関わっていることを三年後に振り返った時どんな風に見えるのか想像することで、一定の距離が生まれるかもしれません。

広い視野を持ったあなた自身に触れれば触れるほど、人生で上下する波に対応しやすくなります。あなたのアイデンティティがこのより深い自己によって築かれているとわかれば、他の人からどう見られ、どう言われているのかなど考えて、傷つかずに済むようになるでしょう。

心理セラピーに通うか、自己啓発の講座を受講する

自分をより理解することを目的に、心理セラピーに通う人もいます。セラピストは中立で守秘義務を持つため、あなた自身についてそれまで誰にも話してこなかったことを話す勇気を持てるでしょう。

> 私は十八歳の時、自分がどんな人間かわかっていませんでした。両親は自分たちの問題が多過ぎて、私の内面や本当の私に関心を持つ余裕がありませんでした。ですから、本当の私を知る人はいなかったのです――私自身もわかっていなかったのですから。私は他人に自分の悪い面を気付かれないようにすることに多大な労力を費やし、鬱病寸前でした。自分の問題が子どもにも影響しかねないことに気付かなければ、心理セラピーにこれほど

の費用を投じることはなかったかもしれません。

一回目のセラピーに行く前夜、私は一睡もできませんでした。セラピストから、「そんな些細な問題に時間を割くことはできません」と言われるのではないかと心配していました。

しかしセラピストはすぐに私の不安や孤独を理解し、心理セラピーに来るのはよい選択だったと私を労ってくれました。私は次第に自分自身について語るようになっていきました。私は、自分が知らなかった願いや意見を口にする自分自身の声をしばしば耳にしました。それまで、そんなものがあるなんて知りませんでした。

私は次第にセラピストの目を通した自分を好きになっていきました。セラピーの時間外でも、自分が自己開示するようになるにつれ、相手も自己開示してくれるようになってきたことに気が付きました。

私は心理セラピーを長年にわたり、幾度となく受けてきました。今では恥に簡単に心を乱されなくなりました。私は「別にいいや」と言うのが上手くなりました。歯と歯の間にほうれん草が挟まったまま出掛けていたことに気付いても、「別にいいや」と思えるようになったのです。馬鹿な質問をしてしまったとしても、別にいいや。若い頃には、穴があったら入りたいと思うようなことも、愛情深くミラーリングし、私は深層では問題ないと気付かせてくれるセラピーを受けた今では、気にせずいられるようになりました。

マリーネ、四十二歳

心理セラピーにより、あなたの自己理解を広げ、あなたを不安にさせる穴を塞ぐことができるでしょう。それと同じ効果が自己啓発講座にもあります。自己啓発講座には守秘義務がある場合も多く、それによって一つの集団に属し、自己表現する様々な方法を安心して試すことができるでしょう。お金を払って参加しているのですから、連続講座が続く限りは、グループから除外されるのではないかと心配する必要はありません。そして自己啓発セミナーが終わった後には、あなたは基本的に、チームやグループの他の人たちからどんな印象を持たれているか気にせずにいられるはずです。

エクササイズ

三人以上の人にこう質問してみましょう。「私のことをどう思う?」

社交の場面で自分の姿を動画に撮り、その映像を観察し、外から自分がどう見られているか知るための新たな知識を得ましょう。

鏡の前に座ってみましょう。

目を見て、誠心誠意、尋ねてみましょう。

「元気？」、または「今、何がしたい？」。

これを最低一日一回はしましょう。

第六章のまとめ

あなた自身のことをよりよく理解しよう

自分のことをよく知れば知るほど、恥を引き起こす状況への耐性がつきます。自分らしくいても問題ないと心の奥底で自信が持てていれば、たとえばひどく薄着でリラックスしている姿を見られたり、家が散らかっていたり、コンクールで最下位だったりといった、驚いたり恥じ入ったりしても仕方がない状況に陥っても、すぐに自信を取り戻せるでしょう。

他の人に、あなたがどんな人か話してもらったり、自分の動画を撮ったり、自身の内面に愛情深く注意を向けることで、自分のことをより深く知ることができます。

第七章

恥と向き合おう

自分がどんな時に、どんなことを恥じるのかを知ることで、あなたの自己感覚の弱さを見付ける手がかりとなるでしょう。

恥の感情に圧倒される瞬間には、隠れるとか、その状況から抜け出すとか、できるだけ早く退散するといったこと以外にできることはありません。しかし恥の体験から少し距離を置くことで、いくつもの道が開けるでしょう。

最初に浮かぶ考えは、あなたに恥を感じさせる状況に対処することかもしれません。失業していることを恥じるのなら、仕事探しにさらに勤しむでしょう。サッカーのレギュラー選抜の際、いつも最後に選ばれるのを恥じているのなら、もっと練習をし、上手くなろうとするでしょう。車が汚れているのを恥じるのなら、洗車するでしょう。恥の感情を引き起こす状況を変えることで、安心感がもたらされますし、時によい解決策となることもあるでしょう。ただ問題なのは、あなたが恥を過度に感じやすく、その恥があなたの人生の別の状況にまで影響してしまうことです。たとえばあなたが五キロ太ったのを恥ずかしく思って減量に見事成功しても、顔の深い皺や、きれいに見えない爪をすぐに気にするようになるでしょう。

さらに、恥を誘発する状況を避ける代償が大き過ぎる場合もあります。たとえばあなたが負けることを恐れているのなら、その点以外はよいことばかりなのに競技スポーツへの参加をやめてしまうかもしれません。ナーバスになるのを恥じているのなら、告げるべき重要な事柄が思い浮かんでいても、知らない人の前で発言するのを控えてしまうでしょう。そして独身であることを恥じている場合、一人者である恥ずかしさを避けるため、一緒にいても幸せでない人と関係を持ってしまうかもしれません。

しかし、あなたが自分自身のことを観察し、理解しようと努力するのなら、恥への耐性を高めることができます。しかも、同時に複数の側面に取り組むこともできるのです。

恥にまつわるあなたの内なる状況に取り組むことで、自己感覚を強められる

過去に困惑したり、恥を感じたりして思い出したくない体験をしたことがあったなら、同じ種類の体験に耐えられないかもしれません。たとえば学校で無視された経験があった場合、その痛みが癒やされていないのであれば、同じ状況に置かれた時に、心を強く持つのは難しいでしょう。

子どもの頃に、攻撃的に、または見下すように話されることが多く、その傷が癒やされ

ていなければ、今の生活で同じことが起きて、攻撃的に、または見下すような話し方をされても、気付かないかもしれません。

私はプログラミングの講座を受けていました。宣伝では初心者向けの講座とされていましたが、参加してみると、高度な内容だとわかりました。講師は私にはわからない用語をたくさん使っていました。私はたくさん質問をしました。しばらくすると、講師は私の質問の大半を無視するようになりました。時々、ため息をついたり、苛立たしそうな声で答えたりしながら、諦めたような表情で私を見つめるのです。家に帰っても、気分が悪くて眠れませんでした。

エマ、三十三歳

もしエマがそれまでの人生で、ひどい扱いを受け、苦痛を味わってこなかったのなら、何かがおかしいとすぐに気付けたことでしょう。講師が彼女に話した時の口調に問題があることにも気付けたことでしょう。ですが子どもの頃に見下された経験があり、その経験と向き合ってこなかったため、講師の対応ではなく自分自身が間違っているのではないかと疑惑の目を向けてしまったのです。

もしも彼女が自分自身の価値を疑わずにいたなら、講師から冷遇された際に何らかの対処ができたはずです。初心者向けの講座なのだから質問は許可されるべきだとか、わかりやすい言葉で答えてくれるよう講師に訴えることができたでしょう。それでも何も得られるものがなければ、その講座を離れることもできたでしょう。ですが過去の類似した体験が思い出されたために、彼女は黙りこんでしまったのです。間違っているのは自分でないと気付いたのは、翌日になってからでした。

あなたが過去に恥を感じ、その傷がまだ癒やされていないのなら、心に背負った重荷はまだ不安定です。新たに似たような経験をした際に、簡単に崩れ、恥の感情が湧き上がることでしょう。「ノー」や「やめて」と言ったり、自己防衛をしたりする代わりに、自分は間違っているという感情が再び心に芽生えてしまう危険があります。

もしも恥を感じた時の傷が癒やされていたなら、間違っていたのは自分でないと気付き、自己感覚を高めることができるでしょう。自分を信じ、あなた自身と交信することで、その出来事で本当に間違っているのは何なのかを判断しやすくなり、反応を示すか、自己防衛できるようになるでしょう。

恥は関係性に関わる感情

前述の通り、恥は誤解やすれ違いから生まれます。関係性に問題が生じたのであれば、同じ関係性の中での修復が必要ですが、必ずしもその関係性自体を修復する必要はありません。新たな人間関係が、修復の体験の基盤作りになるからです。あなたの周りに、あなたを愛情深い目で見つめてくれる人はいませんか？　あなたが自身の恥ずかしいところを見せ、その人の視線に映るあなた自身をミラーリングし、相手の反応を見ることで傷が癒やされたことのある誰かです。そうしてあなたが愛情深い共鳴を感じ、あなたの一番奥深くまで見てもらえたと感じる一度の相互作用によって、これまでの人生で起きてきた誤解やすれ違いが中和されることがあるのです。

かつての僕は自分のお腹を恥ずかしいと思っていたので、シャツを決して脱ぐことはありませんでした。僕の体重は、理想体重より十キロも重かったのです。なので僕は歩いている時に汗をびっしょりとかいてしまうことがあり、そのことも恥ずかしく思っていました。ある夏のガーデン・パーティーの時に、ビールを数杯呑んだ僕は、暑かったので、思い切ってシャツを脱ぎました。一瞬、恥の感情に心が支配され、うつむいてしまいました。

ところが皆が変わらず会話を続けていることに気付いた僕は少しほっとして、目線を上げ、周りを見ました。誰も気付いていなさそうだったので、僕はお日様の光と風をお腹に感じ、心地よく思いました。

カスパー、四十八歳

カスパーは長年にわたり多汗症に悩まされ、太り過ぎていることで嫌悪の目を向けられるのではないかと不安を抱いてきました。ついに勇気を出し、自分がこれまで不安に思ってきたことを試した際、いじめられることも、仲間外れにされることもないことに気付きました。今、彼は新たな自由を手に入れたのです。

私は長年、疲れた時はいつも他人を避けるようにしてきました。そうすることが唯一正しく、とても自然なことだと思っていたので、あまり考えずにただそうしてきました。たまに一人でいる時間を確保できていない時期に、他の人と一緒にいる必要があるのにその余力がないと、恥の感情が湧き上がりました。まるで私から与えられるものが何もなく、自分が裸で、間違っているかのように感じました。そのような状況の時、再びエネルギーを溜めて余裕のある表情に戻るため、そこから逃げ出して一人になることしか考えられませんでした。

今の恋人と出会った時に、「僕と一緒にいて疲れたとしても、疲れたことを隠す必要はないんだよ」と言われました。「ちゃんと話を聞かなくても、文句を言っても、僕は構わないよ」と彼は言い、私を元気づけてくれました。初めて一緒に旅行に行った晩、私は疲れ切ってホテルで泣き出してしまいました。彼は驚いて私から離れていくどころか、むしろその出来事によって二人の絆が深まりました。そのことに気付いた私は、よりリラックスできるようになりました。それ以来、私が自分をコントロールする余力がない時でも、彼と一緒にいるのは楽しく、心の栄養になると思えるようになりました。そして疲れた私も、元気できびきびと動く私と変わらず好きでいてもらえていることに気付いたのです。

ドーテ、五十二歳

ドーテは時に、特定の状況を何度も避けてきたがために、自動的に避けてしまったり、特定の状況でなぜ自分が物怖じしてしまうのか自分でも理由がわからないのかもしれません。

サラは贈り物を誰かに拒否されるのではないかと考えただけで、恥を覚えます。

私の息子の背が伸びて、自転車が合わなくなってしまいました。タイヤもまだ新しくて使えそうだったのに。私は、子どもの頃に古い自転車のタイヤでゴーカートを作ったのを思い出しました。ちょうど、私の暮らすアパートの前の遊び場に男の子たちがいました。彼らは自転車を使って楽しいことを思いつきそうな年齢だったので、私は下りていって、その子たちに自転車をあげよう思いました。ところが急に私の足が止まってしまいました。男の子たちが自転車に興味を示さず、私をあざ笑う姿が頭に浮かんだのです。私の体は氷のように冷たくなり、一瞬で、いつもの自己理解と自分らしくあろうという感情を失ってしまいました。まるで足下の床が揺れはじめたかのように感じました。あまりの不快さに、私は男の子たちに自転車を渡すのを断念してしまいました。

サラ、三十八歳

サラは誰かに何かをあげたくなった時、しばしば自分にストップをかけてしまいます。彼女は大抵、それをしない理由をいくつか見付けるのでした。たとえば、誤解されるかもしれないとか、相手に気に入ってもらえないかもしれないとか、相手が見下されたように感じ、不快に思ってしまうかもしれないなどといった理由を。

サラは恥を克服するために、自分にストップをかけるのをやめて、やりたいことをやるようにしました。すると彼女はほとんどの人たちが彼女の誠実さに感謝していることに気付きました。これらの新たなよい体験により、彼女が与えたいと思ったものを相手があまり喜んでくれない時にも、自分がすべて間違っていると考えなくなりました。

彼女はまた、何かをあげたいと思った体験そのものを他者と共有する選択をとることもできるでしょう。

ある日、彼氏とレストランに行った私は、代金を全額支払いたいと思いました。彼氏からそれを拒否されたら、自分はショックを受けるだろうとわかっていました。そこで代金をすべて払わせろと命じるのではなく、自分の望みを伝えることにしました。「今日は私に払わせて。あなたは貯金しなくてはならないでしょう。それにあなたの喜ぶ顔が見たいの」。そう言いながら、馬鹿みたいに感じ、自分が彼の答えに過度に敏感になっていることに気付きました。幸い、彼もそれを感じ取ったようで、こんな感じのよい答えをくれました。「そうかい、君が払ってくれるの？」と言うと、温かく素敵な笑みを瞳に浮かべ、こちらを見つめました。すると急に、彼が私の申し出を受け入れてくれるかどうかは、あまり重要でないように思えてきました。

サラ、三十八歳

恥の体験の原因となっている「与えたい」という彼女の願望が、愛情深く受け入れられることで、彼女はそのような願望になんら問題はないという体験をしたのです。何かを与える場面で、自分が間違っているのではないかという感情に抗えるようになりました。与えようとしたものをたとえ受け取ってもらえなかったとしても、善意によって愛情を留めておけるのです。

ゲアダは子どもの頃、悲しんでいる時にミラーリングをしてもらえませんでした。それどころか、悲しみの感情を彼女が抱くことを両親からネガティブに捉えられ、めそめそするんじゃない、と言われました。その体験によって彼女は後の人生で、悲しい気持ちになった時、自分を好きでいるのに深刻な問題を抱えるようになりました。ゲアダのように、自分自身の感情を快く思えなければ、親しい関係性を上手く築くのは難しくなります。

セラピーに行きはじめるまでは、誰かと親しくなるのは難しかったのです。すぐに疲れて、一人になる必要がありました。時々、失うのを怖れるあまり、境界線を引けないこともありました。私はすっかり疲れてしまい、ちょっとしたことで涙が出てくるようになりました。私は必死で涙を隠そうとし、のけ者にされるのではないかと不安を感じるようになりました。出来ることなら誰にも気付かれずに、その場からこっそり立ち去って、一人になり、悲しんでいるのを誰にも気付かれないようにしたかったのです。

鬱になった私はセラピーに通うようになりました。セラピストに自分のことを――涙をも――段々と見せられるようになりました。セラピストの思いやりを感じるのは心地よい一方で、傷つくこともありました。子どもの頃、不幸だった自分がそのような思いやりを注いでもらえたらよかったのにと感じたのです。様々な感情が私の心の情景を次々と満たしていきました。私を傷つけ、自分が何か間違っているのではないかと思わせるような行動をとってきた両親への怒りも感じました。家族からの愛情をほとんど与えられてこなかったことを実感し、悲しみも覚えました。

二、三年すると私は新たな自分を発見しはじめ、悲しい時、一人になりたい衝動の奥に、他人の温かみを感じたいという切なる欲求を感じるようになりました。

ゲアダ、五十七歳

あなたはゲアダがなぜ何年もセラピーに行く必要があったのか疑問に思うかもしれません。子どもが思うほど、親が有能なわけではないと認めるのは、恐ろしいことかもしれません。そして自分の幼少期がどれだけ悲壮なものだったか理解し、その悲しみに耐えられるようになるまでには相応の年月を要します。様々な感情が湧き上がっては、静まり、新たな自己認識に達するには時間を要するのです。

飢えた犬が動物保護施設に連れてこられたら、餌をたっぷりもらえるものと思うのが普通です。ですが突然たくさん餌をもらっても、犬の胃が餌を受け付けないかもしれません。初めはティースプーン一杯程度の餌しか与えてはなりません。愛情に飢えている人にも、同じことが言えます。その人には愛情がたくさん必要と考えられがちですが、いきなりそんなにたくさんの愛情を注がれても、受け止め切れないのです。まずは愛情を少しずつ受け取る必要があるのです。これはセラピーに長い時間がかかり、愛情に結ばれた人間関係を築くのが、愛を必要とする人にとって一番難しい二つ目の理由です。

ある時期、踏んだり蹴ったりの毎日を送っていた私は、自己啓発講座の仲間の恋が成就するよう願うことができませんでした。他人の幸せを目にすると、苦しくて。同じように自分自身が愛を体験したいという切望は苦痛で、同じように自分も恋をするだろうとは信じられなくなっていました。私は勇気を振り絞って、グループのリーダーであり、牧師で心理セラピストのベント・ファルクにそのことを告げました。彼は私に、その仲間に次のように言ってみてはどうかと提案しました。「私はあなたの幸せを願っているけれど、同時に胸の痛みも感じてしまうの。幸せが訪れたのが自分だったらよかったのに、と思えてしまって」

「そうします」と私はドキドキしながら答えましたが、視線は床に落としたままでした。「でも、それでは嘘になります。私が感じているのは、痛みだけなのです」

「かわいそうに」と彼は言うと、愛情深い瞳で私を見つめました。「あなたは本当に辛いのですね」。私は彼の言葉を聞き、その愛情深い瞳に映った自分を見つめました。そうして私はほんのついさっきまで自分に対して感じていた憎悪を受け入れはじめたのです。

注意して、思いやりをもって相手の言葉に耳を傾けよう

恥は誰かと共有することで癒やされます。これには愛情深い眼差しが必要です。大切なのは、相手があなたの痛みに耳を傾け、あなたに偏見の目を向けたり、あなたを置き去りにしたりしないと感じることです。あなたが恥をさらけ出した時に、相手が目をそらしたり、批判的な発言をしたりすることで、ますます自分は間違っていると感じる危険があります。

だからこそ、あなたが恥をさらけ出す相手を選ぶことは重要です。私は自分の嫉妬について、長年の師であり、信頼できると確信しているベント・ファルクに打ち明けることができました。こういったことは、専門家に相談してみるとよいでしょう。たとえば専門家に言う代わりに母親に言っていたなら、私の恥が母親に伝染して、他人の幸福を願えない娘を持ったことに恥と困惑を覚えたかもしれません。すると母親は「そういうところを直さないと」とか「他人の幸せを願えるよう練習したらどうなの？」などと言うでしょう。すると私はますます自分が間違っていると感じてしまうことでしょう。

場合によっては、恥ずかしいという思いを、一番親しい相手には話さないようにした方がよい時もあります。あなたの恥が相手にも伝染し、相手も行動を起こせなくなったり、馬鹿げたことを口走ってしまったりする可能性もあります。ひょっとしたらあなたの姉は、こんな妹を持ったことを恥じているかもしれません。

または、あなたと同じようなことを恥じているために、あなたの恥ずかしい体験を聞くことで自分の恥が蘇ってきて不快になるから聞きたくない、という人もいるかもしれません。

適切なタイミングを選ぶことも重要です。相手がストレスを抱えていたり、何か別のことにかかり切りになっていたりすると、共感性の低い魂のこもっていない答えしかくれない可能性があります。あなたが一番、弱っている時、知り合いに愛情深く迎え入れてもらえるか確信が持てない時には、心理セラピストか心理士にその秘密を話すようにしてもよいでしょう。そうすることであなたの渇望やニーズについて感じる恥の下にセーフティー・ネットを広げることができるでしょう。

複数の人と体験を共有することで、癒やしのプロセスを強化できます。ですが、それをたった一人と共有するので十分である場合もよくあります。

恐怖に脅かされている時、小さなステップを踏もう

恥の感情には痛みが伴うので、恥の下に隠れている事柄について話すことなんてとうていできないと感じられることもあるでしょう。

あなたが徐々に勇気を出していく方法を、以下に提案します。

1 亡くなった祖母や他の愛する故人など、あなたが完全に安心感を覚えている相手に、あなたの恥について手紙を書きましょう。

2 あなたが失うことを恐れていない誰かに、あなたの恥について話してみましょう。た

とえば心理セラピストや医師、遠い知り合い、匿名で連絡をとれるネット上のアドバイザーなどがその例です。

3　大切な人にあなたの恥について手紙を書き、送らずにいましょう。

4　パートナーなど、身近にいる大切な人に、あなたの恥について少しだけ話してみましょう。まずはかなり昔の話であるかのように、「昔、こうこうこういうことがあって……」と話すことで、時間的な距離を置いて話すことができ、恐怖を和らげる助けになれるでしょう。

5　あなたが話している間、聞き手があなたのことを優しく見守ってくれるなら、あなたは次第に「実はこれが起きたのは昔じゃないんだ」と告白できるようになるでしょう。

一番言いやすい項目からはじめて、段階を踏んで秘密を明かしていくのも一つの方法です。恥ずかしい秘密を共有することであなたはすぐに開放感を覚え、恥や自己抑圧との闘いで先に進む意欲が湧いてくるかもしれません。これらの提案をすべて実践する必要はありません。またどの順番で行っても構いません。まずはあなたが一番取り組みやすいと思うものからはじめましょう。一つだけ選ぶと、一番手っ取り早く取り組みやすいかもしれません。その後、その他の項目に自然と進んでいく場合もあるでしょう。

以下に段階的な手法を用いたいくつかの例を示します。

言葉の暴力を受けた後に感じる恥

数年前、私は同僚の前で叱責され、ショックのあまり、口をきくことができませんでした。汗が噴き出し、体が完全に麻痺したような感覚になり、まるで口の中でクッキーが膨らんでいくように感じました。

それ以降、私は警戒し、より一層、自分の殻に閉じこもるようになりました。話をした方がよいとわかっていましたが、そのことについて誰にも話しませんでした。恥ずかしくて、自分に打ち勝つことができなかったのです。

段階的な方法に気付いた時、チャンスを生かそうと決めました。まずは私のことをいつも優しく見つめてくれた、亡くなった叔母に手紙で自分の恥について打ち明けることにしました。書きながら、喉が締め付けられるのを感じました。

その後、聖ニコライ堂のアドバイザーに匿名の電話相談をすることにしました。赤ワインをボトル半分呑むと、ようやく心が安定し、勇気が出てきました。電話に出たのは若い男性で、静かに私の話に耳を傾けてくれました。言葉の暴力を受ける原因となった私の忘れっぽさについて、彼は一切、批判しませんでした。むしろ私のことを気の毒と思っているようでした。

話をしたことで、ひどくほっとし、勇気が出てきました。共感してくれるか不安でしたが、恋人にも話すことにしました。二人きりでリラックスしている時に話しました。ソファーに座ってテレビをつけようとした彼に、私は少し待ってほしいと言いました。幸い、彼は私が真剣なことに気付き、こちらを向きました。初めは言葉が出てきませんでした。言葉を絞り出してはまた黙りこんでしまい、また別のところから話し出しました。彼に手を握られると、緊張の糸が切れ、涙が溢れ出しました。抱きしめられた私は、泣きじゃくりながら話の続きをしました。「ちっとも大丈夫じゃないよ」と彼は言いました。「君の上司は恥を知るべきだ。僕も忘れることがよくあるよ。誰だって間違えるものなのに」。私は心の中でこんがらがっていた糸がほどけるのを感じました。それから数日間、久しぶりに自然と嬉しくて明るい気持ちになりました。影を潜めていた達観的で陽気な自分が、戻ってきたかのようでした。

カーレン、二十九歳

強さとエネルギーがないことについて感じる恥

私は同僚たちと仲間になれたことに、とても感謝しています。彼らと同じ組織に属せてよかったと思っています。ただ、私は彼らのようにたくましくなく、すぐに心のバランスを崩してしまうのです。仕事の後、時々、皆と一緒に出掛けるのは、私にとってはとても大変なことでした。一日働いた後、私は疲れきって、刺激を受け過ぎていて、平穏を必要としました。ですが私も一緒に行きたかったし、仲間でいたかったので、一緒に出掛けましたが、いつも誰より早く帰宅することになりました。

初めは早く家に帰ることを申し訳なく思っていました。できれば誰にも気付かれずに、ひっそりと立ち去りたかったのです。家に帰ろうと決めた時には、あまりの疲労で泣き出さんばかりでした。他の人と同じようにできないことを悲しく思っていました。そんな状況で、同僚の誰かからさよならのハグをされたら、泣き顔を見せてしまうとわかっていました。そのことで私はますます困惑してしまったのです。ですが別れの挨拶もせずにこっそり立ち去るのも、恥ずかしかったのです。

段階を踏む方法を教えてもらった後、勇気を出して、問題を解決しようと決意しました。私ははじめ、同僚に宛てた手紙の中で、自分がどれほど、困惑していたのか書きました。

その手紙を送るつもりはありませんでした。そういう手紙を書くことで、ガス抜きできてよかったです。手紙を数日置いておいて、再読すると、急に、それほど悪くない気がしてきました。結局、私は犯罪行為をしたわけでも、ひどいことをしたわけでもありませんでした。

私は同僚とそのことについて話すことに決めました。数週間経ち、余裕のある日に適切な状況を見付けることができました。私が計画したのは、客観的に自分の問題について話すことでした。ところが言葉があまり出てこないうちに、涙が溢れ出し、声はか細くなりました。それによりさらに私は信頼できそうに見えたようです。同僚らは大いに私を理解してくれました。彼らは私が時々、ひどく疲れていることに気が付いていたので、そのことについて話せてよかった、と思ってくれたようでした。今、同僚らはその理由を知りました。私の特に親切な同僚は、私との別れのハグをとても楽しみにしていること、また私が泣いてもちっとも構わないと教えてくれました。彼女は他の人より前に帰るのを私が悲しく思う気持ちがよくわかると言ってくれました。それを聞いて、私はとてもほっとしました。

ビアギッテ、三十二歳

私たちが恥を感じたとしても、眼差しを注がれ、受け入れられた時、恥は消え去ります。新たな治療体験をするのに、遅過ぎることはありません。あなたのことを本当に見てくれている人との触れ合いの中で、あなた自身が恥じている特性をさらすことで、新しい重要な体験ができるでしょう。あなたの隠れた恥が他の人に認識されることで、あなたの自己理解に開いた穴に生命が宿り、何かが成長しはじめるのです。

エクササイズ

あなたが恥を感じている物事のリストを作り、それぞれ自分で図を描いてみてください。第三章に戻って、自己理解の穴についての図を描き直してもよいでしょう。リストに、あなたの恥の体験すべてを掲載する必要はありません。試せるように、いくつかの例を見付けるだけでよいです。

ミンナの例を見ていきましょう。

1　疲れて見える時
2　髪が脂っぽい時

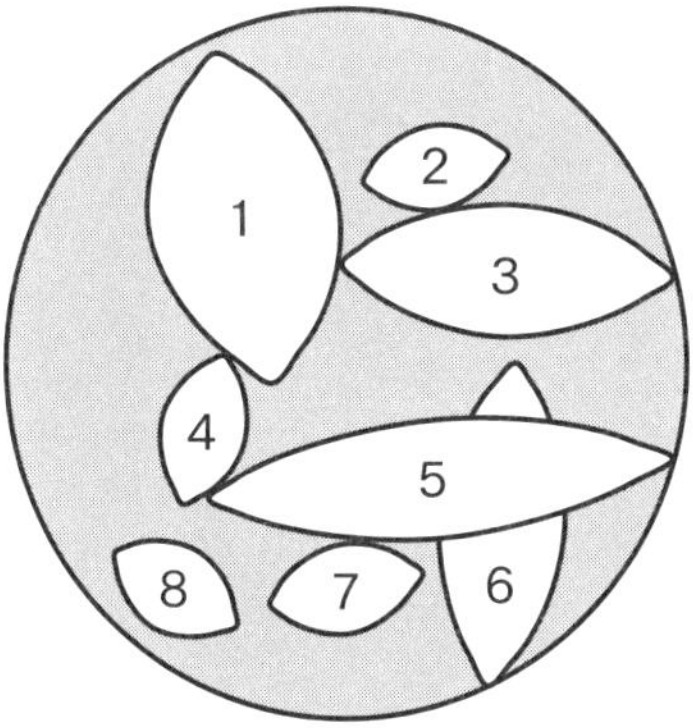

3　何を言うべきかわからず、しばらく黙っている時
4　提案が却下された時
5　子どもが他の子どもと共有したがらない時
6　家に招いた客人に、早く帰ればいいのにと思った時
7　冗談を言ったのに、誰も笑わなかった時
8　五年生の時に、いじめられた時

これらの項目から一つ選んで、具体的な状況を思い浮かべてみましょう。

恥をかいた体験を他の人に打ち明けるかどうか考えてみましょう。142ページの提案から一つを選び、練習してみましょう（失っても構わない相手や亡くなった人に送ることのない手紙に書くか、大事な人にあなたの恥をほんのわずかに伝えるか、過去の出来事として伝えるか）。

第七章のまとめ

恥と向き合おう

恥に襲われた時に一番したいのは、その出来事を忘れ、心にしまいこむことです。しかしあなたがより大きな心の平穏を求めるのなら、逆のアプローチが必要です。新たな癒しの体験には、効果があるかもしれません。あなたがより多くの恥に向き合えば向き合うほど、あなたの自尊心と新たな恥への抵抗力は高まります。

恥じていることを示し、それに向き合う度、より多くの心の自由を得るでしょう。そうして恐怖が減り、社交の場で、以前ほどは緊張しなくなるでしょう。

第八章

誰と時間を使うか考えよう

恥の少ない人生を歩みたいなら、思考の中、そして現実の生活で誰と一緒にいるかに意識を向けるとよいでしょう。よいロールモデルとなり、あなたの最良の面を引き出してくれる人と、より多くの時間を費やすとよいでしょう。逆に、あなたの恥を刺激する人と一緒にいると、あなたは警戒し、より多くの境界線を引いてしまいます。

あなたが周りからネガティブな評価をされていると感じるのなら、それを利用して自分を有利な立場にしようとする人が出てくるでしょう。あなたは、あなたに自分が間違っていると感じさせる方法を知っている人の餌食になってしまいます。誰かからおかしいと示唆されると、すぐに屈してしまう傾向があなたにはあるのではないでしょうか。たとえば、パーティーに一緒に行くのを断ったあなたを「何てつまらない人だ」と言う人がいたら、あなたは決意を変えざるをえなくなるでしょう。

あなたが気を付けるべき事柄の絶対的なリストは存在しません。恥を呼び起こす方法は限りなく無限にあるのです。

以下の文章は、それらの方法のほんの一部に過ぎません。

「あなたに色々としてあげたのだから、少しは感謝してほしいと思ってしまうわ」

「あなたにそんな権利はないはずだ」

「他の人はあなたをどう思っていると思いますか？」

「あなたがしたことは私には絶対にできないことです」

「あなたは本当にそういう人なのですか？」

「まだ終わっていないの？」

「あなたが悲しむ／恐れる／怒るべきことじゃない」

「よくそんなことが言えるわね」

「本当にまだそんな風に感じているの？」

「わからないわ。そんな風に感じたことは一度もなかったから」

「本当にできないの？」

「あなたがそんな風だとは思わなかった」

（これの言葉はポジティブな、または驚いたような声のトーンで言えば、恥を感じさせずに済むかもしれません）

恥を呼び起こす言葉に共通するのは、あなたが人として間違っていることに言及する、またはそう示唆している点です。たとえば、「親切にも、これを私のためにしてください」とか「優しくなって手伝ってくれませんか」とかポジティブな評価を伴う要請は、あなたが望む以上のことをやるよう仕向けているように聞こえるかもしれません。なぜならそれらの言葉が、あなたが親切でも優しくもないという含みを持っているからです。

恥を感じさせるのに言葉が必要ない時もあります。特定の目つきをする、頭を軽く揺する、目をぎょろぎょろさせるなどして、自分が間違っているのかもしれないと感じやすい人に、一瞬にして恥の反応を引き起こすのです。そしてその反応によって、あなたが設けた境界線が、他の人にとって有利になるようにずらされたと考えられます。

かつて恥は、子育てに利用されてきました。他人を動かしたい時、効果的な方法です。私がデンマークの最北部の地域、ヴェンネスッセルで育った一九六〇年代と七〇年代頃は、その方法がまだ使われていました。子どもは恥をかかされ、罰として部屋の端に追いやられたのです。

私が黙っていると、母は怒って「おかしな子だと思われるわよ」と言いました。恥を利用したしつけを受けた母は、子育てに同じ手法を用いるようになったのです。母はそれがいかに私の人生に害をもたらしうるか気付いていなかったようです。母は私が母と同じような生き方をできるようになるのが一番と考えていたのでしょう。

恥を誘発する発言を見抜き、それを避けるのはとても難しいのです。母親のように身近な人からの発言は特に。私は決して母親に刃向かうことはありませんでした。そんな勇気はなかったのです。だから私は、たとえば自分を尊敬するよう命令したりするなど恥によって人を支配しようとする人から逃げるように、また非建設的な批判には耳を貸さないように、そして不穏な空気を感じたら逃げるように、あなたに忠告せずにいられません。そして、あなたの善意とは裏腹に、あなたが境界線を引かない理由を私は理解しています。あなたにはそれがわかるでしょう。ごく親しい人にノーと言うのがいかに難しいのか、私はよく知っています。

あなたが育った家庭

人間関係の不和は、世代から世代へと受け継がれます。不和の結果、もたらされる恥も同様に、世代から世代へと受け継がれます。あなたの両親のうち少なくとも一方、または両方が、あなたの今抱くのとまったく同じ恥を感じてきたことでしょう。そしてこれはその親や、さらにその親にも当てはまります。たとえばあなたの母親が子どもの頃、怖い思いをした時、共感を示してもらえず、その後もその傷が癒やされてこなかったのなら、子どもであるあなたが恐怖を示しても、母親としてあなたの感情に寄り添うことができないでしょう。こうしてあなたは家族の恥を受け継ぐのです。

あなたが家庭で恥に苦しめられてきて、あなたが恥に立ち向かう勇気を出そうとする時、あなたの両親や祖父母は最良のロール・モデルにはならないでしょう。あなた自身を受け入れようとする中で、あなたにはあなたらしくいる道を示す別のロール・モデルが必要になります。

よいロール・モデルを探す

恥は広がります。自分のことを明かすのに非常に慎重な人と一緒にいるなら、あなたも手の内を見せたくなくなるでしょう。しかし勇気もまた広まるものなのです。あなた自身が勇気をもってやってみたいことを、他の人がしているのを目にすることで、大いに助けになることもあります。たとえば誰かが縄跳びしているところを見ると、あなたに同じ動きをさせようとする脳領域が活性化されます。あなたは半ば自分が縄跳びをしているかのように感じるでしょう。

あなたが他の人を見つめている時に起こる感情表現にも、同じことが言えます。他者と親しくなりたいと、ごく当然のことのように口に出して言える人を見ると、あなたは不快に感じることがあります。それは、あなた自身の、誰かと親しくなりたいという欲求を感じる部分に精神的サポートが欠けているからです。ですがもしも、近くにおいでと他者を誘うことでよい結果を得ている人を目撃すれば、あなたも同じことをする一歩手前に近づくでしょう。

あなたほど恥を感じておらず、あなたが恥ずかしいと思うことをごく自然にする人と一緒にいると、あなたは学び、成長するチャンスを得られるでしょう。たとえば、あなたが完璧に正しく歌えないことを恥ずかしいと思っている時に、間違いを気にせず豪快に歌う人と一緒にいると、気詰まりに感じるかもしれません。ですがそういう時こそ、あなたはまたとない成長のチャンスを得られるのです。自身の苦手な分野について疑問を覚えたあなたは、誰かがその分野についてネガティブな結果を出さずに、楽しんでいるのを目撃したとします。自由に歌う人の気持ちを感じれば感じるほど、あなた自身も同じようなことができるようになっていくでしょう。グループ・セラピーに効果があるのはそのためです。他の人が問題を克服するのを目撃するだけで、あなたは時に苦手や恐怖や恥から解放されるかもしれません。または少なくとも一歩前に出て、あなたがどんな人間かを示せるように変わっていくでしょう。そのため、あなたが寄り添ってもらったり、助けてもらったりしなかったのと同じ箇所を、誰かが他人にさらしているのを目の当たりにすることで、あなたの自己理解に開いた穴を埋められるかもしれません。よいロール・モデルを見付け、その人と時間を過ごすことでそれを果たせるかもしれません。現実の世界でロール・モデルを見付けるのが一番ですが、テレビでロール・モデルになりそうな人を観察するのでも、何もしないよりもよいでしょう。

健康的な心の声に注意を傾けよう

思考の中で一緒にいる人を選ぶことは大切です。私は幸運なことに、牧師で心理セラピストのベント・ファルクと多くの時間を過ごせました。私は自分が間違っていると感じると、自分の心の舞台に彼を呼び寄せました。すると毎回、彼がこう言う声が聞こえるのでした。「そういうものだよ」。すると私は、ほぼ同時に、承認するような彼からの視線を感じ、真剣に寄り添ってくれるのを感じました。それによって大抵リラックスでき、深く息を吸い、私自身の体に再び自分の魂が宿っているのを感じられました。

あなたの人生で大事な人が時々あなたの心に現れて、あなたを批判したり、励ましたりすることがあるでしょう。それはあなたの親かもしれませんし、先生かもしれませんし、セラピストかもしれませんし、友人かもしれません。彼らが「お前ならできる」とか「もっと上手くやれたはずだ」と言ってくることもあるでしょう。

もしもあなたに行きすぎた批判を浴びせる人がいれば、その批判を紙に書いて、友人と話をしてみてください。その批判の棘が少し抜けるでしょう。同時にあなたがポジティブな声に注意を払い、ことあるごとにそれらの声がどこから来るのか思い出すことで、それらが頭の中で常に響くようになるかもしれません。

エクササイズ

あなたの人間関係を調べましょう。
どの人があなたに健康的なミラーリングをしてくれましたか？
集中すると、普段よりも多くの人が思い浮かびませんか？
歩いていてすれ違う時、笑いかけてくれるご近所さんはどうでしょう？
あなたに優しい視線を投げかけてくれるバスの運転手さんや店員さんは？
その人たちの目にあなたはどんな風に映っているのでしょう？

失敗しても、オープンで、正直で、自分の意見を持ち続けるのが上手な人を知っていますか？　当てはまる人はテレビの中にしかいませんか？　その人たちを見つめ、もしもあなたがその人だったら、どんな風に振る舞うか想像してみましょう。

第八章のまとめ

どの人と時間を過ごすかよく考えましょう

精神的なサポートに開いた穴を修復したいのであれば、あなた自身が習得してこなかった面を持っている人と一緒に過ごすとよいでしょう。とても勇気があって、あなたがその人と自発的に一緒にいたいと思え、その人の性格のよい面、悪い面、両方を常に心から快く思える人を。あなたが練習したいことをする人を観察することで、得られるものは大きいでしょう。

あなたが恥を感じるのは、偶然ではありません。それはあなたが生きてきた文化や、親から学んできたもの、またあなたの親がさらにその親から学んできたものにより作られるのです。恥は世代から世代へと引き継がれます。あなたの親や祖父母は間違いなくあなたと同じことを恥じ、そのため、あなたが自分の恥を克服するよいロール・モデルにならないかもしれません。

恥に対するあなたの脆弱さを利用する人が周りにいる場合、そのゲームの全貌を把握し、境界線を定めることが大事です。あなたはたとえばどれぐらい不快を感じているか伝えることで、境界線を引くことができるでしょう。

第九章

あなた自身と
友好的に接しましょう

最大の孤独は、私たちが自分自身と距離を置く時に生まれるものです。恥に囚われると、自分自身を外側から嫌悪の目で見て、「自分は間違っている」という判断を下してしまいます。電話が突然切れる時のように、私たちは一瞬で自分から離れたくなります。あなたはきっとその出来事を忘れようと最善を尽くすのでしょうが、あなたの自己感覚に穴が開き、それを外の世界とあなた自身の両方から隠そうとする危険性が生じます。するとあなたの一部が、逃避生活を送りはじめることになります。それによって、あなたがあなた自身と向き合う能力だけでなく、他者と親密な関係を築く能力も損なわれてしまいます。

あなたが失われた自分の一部を取り戻し、再び自分らしくなるには、恥を呼び起こす思い出を新しい視点で見られるようにならなくてはなりません。

間違っているのはあなたではない

恥に圧倒されると、自分が間違っていると思うものです。何かが間違っているのは確かですが、間違っているのは、あなたではない、ただそれだけのことです。次のような間違いが一つまたは複数、起きている可能性があります。

1　あなたはこれまでの人生で、様々な誤解や対人トラブルを経験し、傷つきやすくなっていることでしょう。家族内で特定の感情が渦巻いている時、人間関係は間違った方向に進みやすくなります。そのような状況が、一族内で何世代にもわたって続いてきたのかもしれません。

2　あなたは自分が特別に間違っていると誤解しているのかもしれません。人間は実際のところ、人それぞれはそれほど違ってはいません。中には特別に優れていて、完璧に見せるのに成功している人もいるかもしれませんが、仮面を少し引っ掻いてみれば、すぐに剥がれることでしょう。私たちには相違点よりも、類似点の方が多くあるものです。牧師や心理セラピストとしての長い経験から、人は表面に現れているよりも、ずっと多様で、孤独で無力で不十分であることを知りました。そして大きな抑圧を受けている時、最も優れた人たちでさえ欲望や他の悪い特性をコントロールするのが難しいことがあります。あなたは恥に圧倒されてしまうことがあっても、実は自分が思うほど、他の人と違ってはいないのです。

3　あなたの恥が増幅する瞬間、あなたとは違った波長であなたに答える人がいるでしょう。その人の視線、言葉、または口調にあなたは違和感を覚えるかもしれません。その人の答えはその人自身についてのものであって、あなたが言ったこととあまり関係ありません。またはあなたがまさに今向き合っているのとは異なるレベルでミラーリングしているのかもしれません。あなたが何もかも上手くいっていると話す一方で、相手の表情や声のトーンが、あなたの隠れた悲しみを映し出しているかもしれません。

恥の反応の一つである「間違っている」という感情は、あなたが誰なのか、とか、その瞬間に何をしていたのか、といったこととは必ずしも関係はありません。それは、ちょっとした誤解である、もしくは、あなたの過去の人生で誤解があった、または、あなたが何か思い違いをしているといったことを示しているだけなのかもしれません。

恐怖に屈しない

多くの人は、恥ずかしい体験をしても、その体験を誰かと共有することも自分自身に同情を示すこともなく、その記憶に苦しめられつつも墓場まで持って行こうとします。恥ずかしい体験を誰かに知られてしまうのではないか恐れ、孤独な人生を送るようになる人もいます。

私の心の中で戦争が起きていました。恐怖は私に「体を丸めて、地表から消えろ」と叫びました。人の集団から外れるようにとも脅されました。日の当たらない人生を生きる以外に、できなかったのです。
ヨセフィーネ、三十八歳

ヨセフィーネは意見を言うとか、不快感を露わにするとか、自由に自発的に踊るとか、自分の本当の顔を見せ、自分の殻を破ることを恐れていました。代わりに彼女は恥に支配されるがままとなり、できるだけ一人でいるようになりました。他の人といる時でも、自分の感情を表現できず、自分がどんな人間か示すことができなかったため、孤独を感じていました。

あなたは恐らくこのような恐怖を感じたことがあるかもしれません。先生から隅に立っていなさいと言われたら、他の子どもたちが遊びに行くようになってからも、ずっと隅に立ち続ける従順過ぎる子どものようになるのかもしれません。

あなたが恐怖に従い続ける限り、あなたの恥を癒やす愛情や注意を探し求めるのではなく、盾の陰に身を隠してしまうでしょう。もしもあなたが自由に生きたいのであれば、恐怖に屈するのをやめるのです。あなたの心が恐怖に支配され「戻れ！」と叫ぼうと、前進し続けましょう。

恥と罪悪感を区別することは、あなたが自分自身を受け入れる助けになるでしょう（詳細は第一章を参照）。要するに、恥の感情が「自分は間違っている」という感覚である一方で、罪悪感は「自分は何か間違ったことをした」という感覚なのです。

同じ状況が恥と罪悪感の両方を引き起こすことがあります。たとえばあなたが子どもを強く叱って、子どもが泣き出したら、自分のせいだと思うでしょう。そしてこう自問するのかもしれません。「こんなことをして、私は一体、何て人間なんだろう？」。ここに恥が入りこむ余地があります。こうしてあなたは自分は間違っているとか、価値がないと感じてしまうのです。

罪悪感と恥の感情は入り交じっていることが多いです。これらの二つの感情を区別することで得られるものは多いでしょう。罪悪感は抱きやすいものです。罪悪感はあなたという人全体に影を落とすわけではありませんし、あなたはこれに対処することで、しばしば利益を得ます。

あなたのお子さんが泣いているのがあなたのせいであるかもしれないのと同時に、あなたのお子さんがよい人間であるのもまたあなたのお陰かもしれないのです。過剰な反応をしたことをお子さんに謝ることで、罪悪感に対処できます。

私たちは白か黒か、よいか悪いか、綺麗か醜いか、素晴らしいか悲惨かといった思考に陥りがちです。AもBもという考え方は、心の健康上、とてつもなく重要です。優秀な親は、たとえば子どもに対し、AもBもという選択肢で接します。そういう親はこんな風に子どもに語りかけるでしょう。「今、私は怒っているけれど、あなたが私の愛しい子であることに変わりないわ」とか、「あなたがしたことは間違っているけれど、それでもあなたは私の愛するよい子どもだよ」とか、「あなたが叫ぶと耳が痛くなるけれど、あなたが邪魔なわけじゃない。あなたはあなたらしくいればいい」。

あなたの親が、AもBもという言い方をしてこられなかったとすれば、あなたは恥と罪悪感を混同しやすく、ただ間違っただけでも、自分が人として間違っていると感じてしまうのかもしれません。あなたは次のようにあなた自身に大きな声で言うことで、罪悪感を恥と区別することができるでしょう。

「私は間違った対処をしてしまったけれど、よい人間だ」
「私は悪い感情を抱いてはいるけれど、よい人間だ」
「私は間違いを犯したけれど、よい人間だ」

あなたが恥と罪悪感をわけて考えられると、時に恥は消えるでしょう。罪悪感はたとえばあなたが謝ったり、修復したりすることで対処できます。

あなた自身への共感を再発見しよう

恥によって断たれた、あなた自身との良好な関係を再構築することが大切です。次の文章が、あなた自身と優しい関係を再構築する助けとなるでしょう。声に出して読むか、自分自身に向けて紙に書いてみましょう。

「あなたは自分が間違えていると思いました。何か間違っているのは確かですが、あなただけが間違っているわけではありません」
「あなたは最善を尽くしました。誰だって時に間違いを犯しますし、力が及ばないことも、周りの人や自分自身を失望させてしまうこともあります。それでもあなたは他人と繫がり、集団に属そうとするでしょう」

「あなたは他の人とそれほどは違っていません。他の皆と同じように、あなたは今のままでいてよいのです」

鏡の前に座って、これらの文章を声に出して読みながら、自分の目を見つめてください。自分の肩を叩いて、髪や頰を愛情深く撫でましょう。

あなた自身に愛情に満ちた手紙を書こう

自分を愛する練習をするため、自分自身に愛情に満ちた手紙を書くのはよい方法です。あなたが記憶の片隅に追いやってきた恥ずかしい場面の一つを思い浮かべてみてください。その瞬間、恥ずかしさのあまり身動きできなくなった自分自身に、愛情に満ちた目線で手紙を書いてみましょう。以下はシャロッテの手紙です。

シャロッテへ

あなたは誰にもグループに入れてもらえないことを恥ずかしく思っていますね。あなたはすっかり気分を害し、恥ずかしく、不幸せに感じ、できることなら消えてしまいたいと願っているでしょう。でもあなたは、最善を尽くしたのです。自分の置かれた状況で、頑張ってきました。あなたがそんな不愉快な状況にあるのは、あなたのせいではありません。あなたが間違っているわけではありません。単に過去に様々な誤解や諍いを経験してきただけのことです。あなたがいじめられやすいとすれば、それはあなたが、誰からも自分が価値ある人間だと教わってこなかったからです。誰からも、自分自身を労る術を教えてもらってこなかったからなのです。そして講座の講師たちは、受講者同士の諍いを解決する能力を備えていなかったのです。問題があるのは、あなたではありません。あなたは、ちゃんとそうあるべき人間なのです。

シャロッテへ、愛をこめて

恥ずかしい状況に立たされた時、自分を励まし、慰めるような手紙を書いてもよいでしょう。手の届く場所に手紙を貼っておきましょう。私が自分に書いた手紙は次のような内容でした。

イルセへ
今あなたは自分が間違っていると感じていることでしょう。でも、それも今だけ。一ヶ月もすれば、笑い話に変わるでしょう。あなたのお姉さんは、あなたが冗談交じりにする失敗談を喜んで聞いてくれるでしょう。あなたは心の奥底では、他の人より間違っているわけではないと知っているはずです。今はそう思えるかもしれませんが、それは単なる幻想に過ぎません。少し距離を置いてみれば、その問題があなたの心の内をまったく反映していないことに気付かされるでしょう。

イルセより、愛をこめて

自分自身に愛情をこめて話すことや、温かで優しい手紙を書くことは、よいトレーニングになります。あなたがこれまでの人生で、すぐに自己批判に走ってきたのなら、これから問題が生じた際に、自己愛をしっかり発動させる練習をたくさんする必要があります。

自分に宛てて慰めの手紙を書くのが変だとか、難しいとか感じるのなら、まずは誰か別の人に手紙を書くことからはじめてみてもよいでしょう。その際、あなたが愛する人や好感を持っている人に宛てて書くようお薦めします。

たとえば、映画の登場人物でも構いません。そして手紙を書き終えたら、その人の名前をあなたの名前に置き換えてみましょう。

自己愛を鍛えるのは、筋肉を鍛えるのと似ています。効果が出るまでには、忍耐と繰り返しが必要ですが、これによってあなたは自分が間違っていると感じた時に支えとなるような新たな習慣を身に付けることができるのです。

あなたが自分のことを愛情に満ちた目で見つめ、あなたが間違っているわけではなく、あなたの過去に欠けているものがあったのだと気付いた時、あなたの恥は悲しみに変わるでしょう。あなたが苦しんできた喪失に悲しみを覚えながらも、自分自身への新たな敬意が芽生えはじめていることに気付くでしょう。あなたがあなたの過去に欠けていたものに目を向けながら人生を振り返ると、今のあなた自身を誇れる理由が見付かるかもしれません。

恥と向き合うことで、あなたの親や祖父母から続く恥の連鎖を断つことができるでしょう。あなたが自分自身に上手く愛情を持てるようになれば、この愛が水面の波紋のように、あなたの周囲の人や次世代へと広がっていくでしょう。

エクササイズ

鏡の前に座って、あなた自身に愛情深い言葉をかけてみてください。170ページにまとめた文章例を参考にしてください。

過去に恥をかいた場面を思い出し、恥を感じた瞬間のあなたに向け、愛をこめ、手紙を書きましょう。

あなたが次に恥ずかしい状況に立たされた時、あなた自身に慰めの手紙を書きましょう。手紙には、自尊心の傷ついた人を励ますような言葉を書くとよいでしょう。

第九章のまとめ

自分自身と友好的に接しよう

あなたが自分を間違っていると思う時、それはあなたが間違っているのではなく、何か間違ったことが起きたのです。この事実を認識することで、新たな自由を感じることができるでしょう。ただし、これまでの人生で感じてきた孤独や飢餓感から生まれる悲しみもまた感じることでしょう。

あなた自身とのより愛情に満ちた関係を築くことで、不快な体験を上手く避けられるようになるでしょう。困惑するような状況もあるかもしれませんが、あなた自身への信頼が揺るがされることはもうないでしょう。

自己診断テスト

あなたは恥に脅かされている？
自分でテストしてみよう

テストの数値が高かったからといって、あなたに問題があるわけではありません。あなたがこれまでの人生でいかに注目されず、受け入れられてこなかったかが、この結果に一部反映されているだけです。

それぞれの質問について考える際、あまり考え過ぎずに体で感じとり、自然と思い浮かぶことをそのまま答えるようにしましょう。あなたの体は、あなたの脳や思考よりも真実に近く、明確な答えをしばしば出すものです。

テストが終わるまで、結論部分を読まないようにしましょう。先に読んでしまうと、結果が変わってきてしまう可能性があります。

それぞれの質問の後ろに数字を書きましょう。
選択肢は五つです。

0＝まったく当てはまらない
1＝少し当てはまる
2＝一部当てはまる
3＝ほぼ当てはまる
4＝当てはまる

1	誰かが自分に強い興味を示すと、自分の欠点にまだ気付いていないだけだと思う。	
2	他の皆が答えを知っていて、しかも自分も知っておくべきことについて質問してしまった時、穴があったら入りたい気分になる。	
3	思い出すと、動揺してしまうような過去がある。	
4	人付き合いは大変だと思うことがよくある。	
5	何と言えばよいかわからなくて黙りこんでしまった時、他の人にどう思われるか不安になる。	
6	社交の場で、もう少し積極的でリラックスできたらよいのに、と時々思う。	
7	質問を誤解して、とんちんかんな答えを返してしまうと、恥ずかしくて何日も気に病んでしまう。	

8	大勢の人の前で何か話そうとして、誰も聞いていないことに気付くと、不安になって、そっとその場を立ち去りたくなる。	
9	会話が途切れると、ストレスを感じ、必死に間を空けないようにしようとしてしまう。	
10	自分の傷つきやすさを無防備に正直にさらけ出せる相手（セラピストや心理士などの専門家以外）は一人もいない。	
11	仕事の後で呑みに行ったり、パーティーに参加したりすると、自分が言ったことが馬鹿みたいに思われなかったか、誤解されなかったか、ひどく気になる。	
12	社交の場では、あえて心の内を見せないようにしている。	
13	誰かを遊びに誘って断られると、自分が何か間違いを犯したのではないかと怖くなる。	
14	自分自身と自分の感情をもっとコントロールする必要があると感じる。	
15	口の端に食べものがついていたり、歯にものが挟まったりしたまま人前に出ていたことに気付くと、その日一日、気分が沈んでしまう。	
16	手が震えたら、何とかして必死で隠そうとする。	
17	ふいの来客時に、家が散らかっていて汚れていたら、数日間、気分が悪くなる。	
18	会話が途切れて話題が思い浮かばないと、動揺してしまう。	

19	仕事でミスすると、他の人たちから見下されないかと怖くなる。	
20	他の人にどう思われるのかが怖くて、したいことを我慢することがよくある。	
21	自分の精神が崩壊しないか不安になったことが、これまでに一度以上ある。	
22	顔が痙攣するほど悲しんでいるところを見られると、気まずい気分になる。	
23	誰かから嘘をついていると言われると、自分が本当のことを言っているとわかっていても、自分のことを疑ってしまう。	
24	誰かから嘲り、見下すような厳しい口調で言われても、やめてと言えない。そう言えるだけの価値が自分にあるのか疑ってしまうからだ。	
25	社交の場でしばしば疲れて、他の人より先に帰りたくなる。	

数字をすべて足してみましょう。

合計　　　　　　点

合計すると、0～100の間の数字になるはずです。

下の目盛りに自分の数値を書き入れましょう。

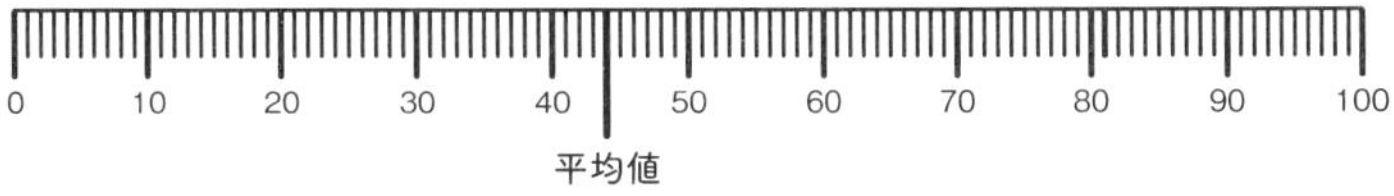

240人のデンマーク人にこのテストを行ったところ、平均値は44になりました。テスト対象者はFacebook上の私の友人やフォロワーです。テストでハイスコアをとった人の性格は2つに分類できます。1種類目は、HSP〈特別に敏感な人〉で、このタイプが平均値を引き上げたと考えられます。2種類目は自分自身と向き合い、すでに恥の一部について心の整理をした人たちです。後者の人たちが平均値を引き下げたと考えられます。最終的に平均値は無作為に選んだグループを対象にした場合の結果と、大きな差はありませんでした。

点数が低かった人たちへ

自分がちょっとやそっとじゃへこたれないタフな人間であることを喜びましょう。

あなたが子どもの頃、あなたのことを真に見つめ、理解し、愛情深くミラーリングしてくれた人が少なくとも一人はいたことでしょう。そうでなかったとすれば、あなたの得点が低いのは、あなたがあなた自身と向き合い、しっかりとした自己感覚を築いてきたためでしょう。

点数が高かった人へのアドバイス

高得点が出たことで、あなたが自分自身をより理解する助けになるよう願っています。今のあなたは幸い、あなた自身を愛情に満ちた目で見つめやすくなっていることでしょう。あなたの人生が困難なのには、理由があります。あなたが間違っているからではありません。あなたは本来あるべき人間として生まれてきたのです。ですが、過去に起きた出来事が、あなた自身に深い不安感を残したのです。恥に脅かされながら人生を送るのは、非常に大きな負担でしょう。あなたはもっと幸せになれるはずです。

適切な支援者を見付ける

　恥の問題を抱えている場合、誰かにそのことを話すと不快な気持ちになるかもしれませんが、助けを求めることが重要です。人間関係が壊れたのであれば、人間関係を通じて修復するべきです。徐々にあなたは自分自身を愛情深い瞳で見つめられるようになっていくでしょう。ですが初めは、その愛情深い瞳は、他の誰かの瞳である必要があります。

　支援者を注意深く選ぶことが大切です。あなたが助けを求めるのが友人であろうと、心理セラピストであろうと、心理士であろうと、他人への共感力を備えた人でなければなりません。そういう人は、自分が話すよりも、他人の話によく耳を傾け、対立を避けます。そして認知的なアプローチをすること、つまり思考を用いて動くことは賢明ではありません。またあなたのボディ・ランゲージをミラーリングし、あなたの人生の重要な体験に耳を傾ける準備ができていなくてはなりません。そうすることで、あなたはかつて見られも聞かれもしなかった部分に目を向け、耳を傾けてもらえるのです。そしてあなたが恥じていることを共有できるような安定した関係を築くのに十分な時間が必要です。

支援者が自分自身の問題と向き合ってきて、自分自身の恥と上手く付き合えていることが非常に大事です。でないと、その人にあなたの恥を無視されるか、恥がないかのように話されてしまう危険性があります。あなたが良質な交流をし、見られ、言語的、または非言語的にミラーリングされる体験ができるように、波長を合わせてくれる支援者が必要です。こうしてあなたは過去の誤解や諍《いさか》いで開いたあなたの自己感覚の穴を、ゆっくりと埋めはじめることができるのです。

成長する大きなチャンス

時が経つにつれ、子どもの頃から自然と健全な自己感覚と自尊心を育んできた人たちと同じような自信を、あなたは持てるはずです。早い段階で自然と育まれた自己感覚と、あなたが後から努力して身に付けた自己感覚は、前者が実際により強固であるという違いがあります。ですが、後者は別の方法であなたを強くしてくれます。あなた自身を見付けようとする闘いの中で、あなたは普段、見付けることのない、あなたの人格を繊細に特徴づけ、世界を豊かにする才能への道を示す心の隠れた面にたどり着くでしょう。さらにこのプロセスを通じて、あなた自身と他者両方に対する共感力を養い、徐々に他の多くの人よりも深い共感を示せるようになるでしょう。

テスト結果を鵜呑みにしないようにしよう

一つのテストだけで誰かのことを完全に説明することは不可能です。取りこぼされてしまう様々な側面があり、細部が失われてしまうからです。テスト当日の状況や気分によっても結果は変わってきます。たとえば普段よりも調子の悪い時は、得点が高くなるかもしれません。

おわりに――虚無感の花を咲かせよう

慈愛に満ちた注目の目は、砂漠に花を咲かせる雨のようなものです。その砂漠に何世紀も雨が降ってこなくとも、砂の中の種は、朽ちることなく生き続けていました。種は砂の中でひたすら水を待ちました。ある日、雨が降ると、種から芽が出ました。脆弱だった自己感覚は補修され、勇気を失わず、脇道にそれることはありません。自らの人生や他の人と深く関わるのに、遅すぎることはないのです。

「……空虚さがその顔を私たちに向け、ささやく。
〝私は空っぽなのではない。開放されているのだ〟」
――『トランストロンメル作品集』収録「フェルメール」
トーマス・トランストロンメル、二〇一一年

この一節は、虚無感や自己感覚に開いた穴を刺激するものから逃げるべきではないということを思い出させてくれます。それらはまだ見ぬ可能性に満ちています。

謝辞

公認心理セラピストで、神学修士で、ベストセラー『あなたのいるところにいること』をはじめとする本の著者でもあるベント・ファルクへの謝意をここに表します。ベント・ファルクは私の個人的、専門的成長に測り知れないほど、影響を及ぼしました。

心理学学士で、亡くなるまでゲシュタルト分析研究所の所長を務めたニルス・ホフマイアーは長年にわたり私に大いにインスピレーションを与えてくれました。私の原稿を通読し、フィードバックをくれた皆様にも感謝いたします。中でも特に名前を挙げたいのは、エレン・ボエルト、マーイット・クリスチャンセン、クリスティーネ・グルントベル、リーネ・クルンプ・ホーステッド、マーチン・ホーストロップ、ヤン・コー・クリステンセン、ローネ・シュゴー、クリスティーネ・サン、クヌード・エリック・アナセンです。この本にはそれぞれのご助言が反映されています。

参考文献

『我と汝』マルティン・ブーバー著、野口啓祐訳、講談社学術文庫、二〇二一年
Cullberg Weston, Marta: Fra skam til selvrespekt. Dansk Psykologisk Forlag, 2015
Davidsen-Nielsen, Marianne and Nini Leick: Healing Pain: Attachment, Loss, and Grief Therapy. Routledge, 1991
DeYoung, Patricia A.: Understanding and Treating Chronic Shame – A Relational/ Neurobiological Approach. Taylor & Francis Ltd., 2015
Falk, Bent: Honest Dialogue. Presence, common sense, and boundaries when you want to help someone. Jessica Kingsley Publishers, 2017
Falk, Bent: Kærlighedens pris I&II. Anis, 2005
Falk, Bent: I virkeligheden. Anis, 2006
Fonagy, P.: The mentalization-focused approach to social development. In J.G. Allen & P. Fonagy (Eds.), The handbook of mentalization-based treatment. (s. 53-99). John Wiley & Sons Inc., 2006
Hart, S. Brain: Attachment, Personality: An Introduction to Neuroaffective Development.

London: Karnac Books, 2008
Jung, C. G. : The Undiscovered Self. Later Printing (6th) edition (1958)
『魂の殺人　新装版』アリス・ミラー著、山下公子訳、新曜社、二〇一三年
O'Toole, Donna: Aarvy Aardvark Finds Hope. Compassion Press, 1988
Sand, Ilse: The Emotional Compass: How to Think Better about Your Feelings. Jessica Kingsley Publishers, 2016
『鈍感な世界に生きる敏感な人たち』イルセ・サン著、枇谷玲子訳、ディスカヴァー・トゥエンティワン、二〇一六年
『心がつながるのが怖い　愛と自己防衛』イルセ・サン著、枇谷玲子訳、ディスカヴァー・トゥエンティワン、二〇一七年
Sand, Ilse: Tools for Helpful Souls – especially for highly sensitive people who provide help either on a professional or private level. Jessica Kingsley Publishers, 2017
『敏感な人や内向的な人がラクに生きるヒント』イルセ・サン著、枇谷玲子訳、ディスカヴァー・トゥエンティワン、二〇一八年
『思い出すと心がざわつく　こわれた関係のなおし方』イルセ・サン著、浦谷計子訳、ディスカヴァー・トゥエンティワン、二〇二〇年

『身勝手な世界に生きるまじめすぎる人たち』イルセ・サン著、枇谷玲子訳、ディスカヴァー・トゥエンティワン、二〇二〇年

Stage, Carsten: Skam. Aarhus Universitetsforlag, 2019

Sørensen, Lars: Skam. Hans Reitzels Forlag, 2013

Sørensen, Lars: Selvglad, Dansk Psykologisk Forlag, 2018

Toustrup, Jørn: Autentisk nærvær i psykoterapi og i livet, Dansk Psykologisk Forlag, 2006

Tranströmer, Tomas: Samlede Tranströmer. Rosinante, 2011

Wennerberg, Tor: Selv og sammen. Om tilknytning og identitet i relationer. Dansk Psykologisk Forlag, 2015

Yalom, Irvin D: Existential Psychotherapy, Basic Books, 1980

イルセ・サン
1962年生まれ。神学を学ぶ。キルケゴールとC.G.ユングについて研究。デンマーク心理セラピスト協会会員。教区牧師、個人開業の心理セラピストとして働く。セミナーや講演も行ってきた。これまで著した8冊の作品は、24カ国語に翻訳された。邦訳に『鈍感な世界に生きる敏感な人たち』『心がつながるのが怖い　愛と自己防衛』『敏感な人や内向的な人がラクに生きるヒント』『思い出すと心がざわつく　こわれた関係のなおし方』『身勝手な世界に生きるまじめすぎる人たち　罪悪感を手放して毎日をラクにする方法』『「親しい関係からなぜか離れたい」がなくなる本　喪失や悲しみから心を守る「自己防衛の戦略」の功罪』（すべてディスカヴァー・トゥエンティワン）がある。

枇谷玲子（ひだに・れいこ）
1980年生まれ。大阪外国語大学でデンマーク語を学ぶ。デンマークに留学。主な訳書にイルセ・サンの著作の他に、『北欧式パートナーシップのすすめ　愛すること愛されること』（ビョルク・マテアスダッテル著、原書房）『「人間とは何か」はすべて脳が教えてくれる:思考、記憶、知能、パーソナリティの謎に迫る最新の脳科学』（カーヤ・ノーデンゲン著、誠文堂新光社）『MUNCH』（ステフン・クヴェーネラン作・画、誠文堂新光社）など。

装丁画：たえ

装丁：菊池 祐

本文デザイン：荒木香樹

校正：あかえんぴつ

「恥《はじ》をかくのが怖《こわ》い」から解放《かいほう》される本《ほん》

自己肯定感《じここうていかん》を高《たか》めて、自分《じぶん》らしく生《い》きるレッスン

2024年4月11日　発　行　NDC140

著　　者　イルセ・サン
訳　　者　枇谷玲子《ひだにれいこ》
発 行 者　小川雄一
発 行 所　株式会社 誠文堂新光社
〒113-0033 東京都文京区本郷3-3-11
電話 03-5800-5780
https://www.seibundo-shinkosha.net/
印 刷 所　星野精版印刷 株式会社
製 本 所　和光堂 株式会社

ISBN978-4-416-52301-8